SAGGISTICA 19

Re-reading Rimanelli in America

Re-reading Rimanelli in America
Six Decades in the United States

Edited by
Sheryl Lynn Postman
Anthony Julian Tamburri

BORDIGHERA PRESS

Library of Congress Control Number: 2015948532

COVER ART: "Clowning around, seriously"
by Giose Rimanelli

Printed in the United States.

Published by
BORDIGHERA PRESS
John D. Calandra Italian American Institute
25 West 43rd Street, 17th Floor
New York, NY 10036

SAGGISTICA 19
ISBN 978-1-59954-102-0

TABLE OF CONTENTS

Re-reading Rimanelli in America
An Introduction

Sheryl Lynn Postman

In the Spring of 2014, I was contacted, via phone, by Luigi Fontanella, Professor of Italian at the University of Stony Brook. He told me that he and Anthony Tamburri, Dean of the John D. Calandra Italian American Institute in New York City, had been together recently and were discussing a celebration in honor of Giose Rimanelli's 90th birthday. They wanted to host a symposium, a day-long tribute, on Giose's literary work. A short time later, there was another phone call, this one from Anthony Tamburri. He, too, wanted to know my thoughts, as Giose's wife and a scholar on his work. They were contemplating having the event at the start of 2015, in January or February. Obviously, I agreed, but there was one caveat: Giose had yet to celebrate his 89th birthday. The question became "wasn't he born in 1925?" "Yes, but at the end of the year. He turns 89 in late November and we are only in May." After a split second it was decided that we would do the birthday celebration *all'italiana* (anni compiuti e non fatti): in 2015 Giose would enter his 90th year and no need to wait for the exact date to party.

It was also decided that the occasion would consist of American scholars on the work of Giose Rimanelli, and it would be an American celebration of this Italian writer. Giose has spent the majority of his life in the United States and he is well loved and respected by many who recognize his contribution to Italian letters here and in Italy. Thus were born the preliminary thoughts of the celebration that would take place on Saturday, February 20, 2015: *Giose Rimanelli: 90 Years. An American Celebration.* But before delving into the results of the symposium, I will take this time to clarify and explain a number of things about Giose and his literary work.

As Giose's wife, it is assumed that writing this introduction will be easy. Perhaps, if I write only about my husband, but I am one of the many academic scholars who write on his work. In other words, my husband has a twofold critic in me: wife and academician. For the most part, I see Giose as the man and not the writer. At home, he never speaks about the war or about his writing. He loves to work in his study, cook, and socialize with good friends. He is also the person who cannot balance a check book, does not ask for directions when lost, and cannot figure out how to re-set a digital clock when the power goes out, preferring to let it blink incessantly or just unplug it. As to his writing, he spends over twelve hours a day in his study, reading and writing, and nothing takes him away from it as he will even take meals there when he is occupied, with the computer in front of him. When I ask him questions regarding the past, specifically the war or any of his political, social or economic philosophies, his response is always the same "if you want to know something about me, read my work." So, I did and that is how I entered into doing research on his opus: it was a challenge, a dare, one that this native New Yorker could not resist. Add to all this the fact that my education and training is in Hispanic studies and not Italian (except as a secondary field at the doctoral level) and unlike many others who had a solid foundation in Italian studies, my research started from scratch and needed to be built on a great deal of investigation of an era and country about which I knew nothing.

The first thing I had to do was separate the man from the writer and to do this, all my studies were done while he was away from home wintering in Florida. This personal detachment made it easier for me to examine the author and not the man; distinguishing between the two, once done, makes it somewhat stress-free to be objective.

From the man I studied the writer; and from the writer I learned about the man. I read all of his narrative works and have seen one predominant theme appear in all: the political abuse by the dominant power of the day. This authority, usually shown to be dishonest, according to Giose's work, may exist in Italy or in America; it could have happened yesterday or today. It could exist in the actual field of politics (starting with his first novel, *Tiro al piccione*, and appearing, also, in his last, *Il viaggio*); in the socioeconomic realm (clearly seen in his narrative *Peccato originale* and his unpublished *La terra dei padri*); in the transient world of immigration (witnessed in *Molise Molise* and above all, in his text *Familia*); in the sociopolitical universe of the editorial houses (as seen in *Il mestiere del furbo*); or even in the sexual politics of gender equality (observed in *Graffitti* and in his English novel, *Accademia*). Moreover, there exists within his narrative a metaphysical itinerary from the actual world in which we all live to observe the shock and dismay of the present time and, if the correct route is taken, the possible hope for a better future. The author indicates the path we should follow, as Virgil did for Dante, through another domain so that we can experience the destructive abuse that, not only he but many others have encountered, and a means by which we can safely maneuver through the present day reality. Throughout his literary production, the readers accompany him on his Orphic journey and it is this voyage that brings to light the shadowy truth of the contemporary period in order to see the possible brilliance of a new day.

There is a certain amount of personal information that we gather based on Giose's writings. According to his mini memoir, *Molise Molise*, we know that Giose was born in Casacalenda, Molise on November 28, 1925 at three in the afternoon, and Casacalenda specifically, is referenced in several of his books as to the place where he was born. We are aware of the fact that he is the eldest of three sons born to Vincenzo and Concetta Rimanelli, and that only his youngest brother, Gino, is ever mentioned by his true name within Giose's texts. We know that Giose's mother wanted him to be a religious person and that he abandoned his studies, returning to Casacalenda as the Germans were retreating through his home town. We are aware of the fact that his maternal grandfather, an American jazzman from New Orleans, actually witnessed the horrific acts of the 1891 lynching of Italians in the Crescent City. We are also cognizant of the total innocence of a young boy fresh out of the seminary who is forced to fight in the country's Civil War without having any political knowledge of the period.

Giose's personal story is one that the careful reader may be able to pull together from his literary opus, and most people believe, erroneously, that his work is totally factual, based on his life. There are some tangible facts, but as in the work of many literary individuals, autobiographical elements abound and only serve as a backdrop to the story as a whole. As he told Cesare Pavese, *Tiro al piccione* is "la storia di un giovane della mia età che vede la Resistenza dalla parte sbagliata," and therefore, although it mirrors some of his personal wartime experience, there are many elements within the text that correspond to many others who experienced the horrors of the period, and not specifically to Giose. Rimanelli let's his readers know, from his first narrative on, that his composition is not an autobiography; it is a fictionalized version of many happenings in his life. He is not the narrator, the historian of his own life, but rather the voice of *the others* who have experienced the political, economic and social injustices portrayed within his novels.

His first novel, *Tiro al piccione,* follows the war time experiences of his protagonist Marco Laudato, but the narrative is not an autobiography. There was, for example, no Giulia in the life of Giose nor was there an Anna; both were a total fabrication created to propel the story forward. Giose was forced to fight at the front during the Civil War, whereas his alter ego, Marco, never did. At one point in the novel, Marco is deemed a hero of the Fascist armies and written about in the government controlled newspapers, but Giose was not; he was just trying to survive and spent much of his time in an office always attempting to escape even though he was made to go to the military front. His second narrative, *Peccato originale*, is the story that shows clearly *il problema del Sud* and the reasons for which so many people in the postwar period left Italy for America seeking a better life. But it, too, is not the story of the author. He would tell you that he never immigrated to America as he was invited to come to the States by the Library of Congress and that although his family (his parents and brothers) did immigrate to Canada, his mother was Canadian and therefore, not an immigrant, just someone returning to her native country. *Biglietto di terza* is, according to Giose, a text written with the purpose of examining and following up with the new life of his characters from *Peccato originale* now living in Canada. It was a means by which he was able to study, first hand, the immigrant experience. His next narrative, *Una posizione sociale* (in later years it would be republished with a new title, *La stanza grande*), also appears to be an autobiography as there are present some explicit autobiographical elements within this narration: the desire of the mother to send her eldest son to a seminary for his education and, unambiguously, the character of Nonno Dominick, the actual name of Giose's maternal grandfather. But, again, this is a transposed story of his life as a young boy. With the exception of the grandfather, none of the characters within the text correspond to Giose's immediate family and his parents did not receive any financial help from anyone in order for him to receive a religious education. Added to this is the fact that Giose's father, at the time of his entry into the seminary, was fighting in Mussolini's war in Ethiopia and not, as in the novel, in Casacalenda. Giose's last book written in Italy, *Il mestiere del furbo,* produced an enormous scandal in the literary world and, ultimately, he was deemed *persona non grata* because of it, a political circumstance that still exists in the major publishing houses of the current era. The hostile environment within the literary community because of his text sent Giose into self-exile and brought him to the United States. Yet now, almost sixty years later, the academic and literary world, both in the United States and in Italy, have stated that his book was an accurate account of the Fascist-like media controlled atmosphere in the artistic community that privileged the few, not necessarily the best, who played the political game with the publishing houses and the *patronesse* of the day. Now in 2016 Bordighera Press will be re-publishing the book, with a new annotated introduction by Eugenio Ragni, here in the United States and it will be appreciated, although retroactively, as a masterpiece of Italian literary criticism that the silent few in 1959 understood it to be.

There are, nonetheless, certain attributes and characteristics of his personal history that appear constantly within his texts, both his Italian and English, and play a significant role in his literary production as well as his life. These elements, in large part, are the main reason for which so many believe that his entire work is an autobiography. The few components that stand out, above all the others are: Molise; America; the Church; and the Italian Civil War.

Nearly all of his narratives take place in or refer to his native and beloved Molise, starting with *Tiro al piccione,* passing to *Peccato originale, Una posizione sociale,* and *Biglietto di terza;* as well as to his Italian books written in America such as *Graffiti, Detroit Blues, Familia* and *Il viaggio;* and two of his novels written in English, *Accademia* and The *Three Legged One.* More importantly, although Giose appears to be constantly fleeing Molise, searching for something else, perhaps something better, it is Molise to which he always returns. Molise is, according to Giose's texts, a land of ancient and restricting beliefs; a place in which there is no possibility of advancement, neither socially, culturally nor economically. It is a region that still holds fast to its medieval rites and traditions. Yet, it is his sanctified area and the one that always offers him solace for this is his home and the birthplace of his family. Additionally, as long as his parents resided in Casacalenda, he always returned there. Once his family moved to America, first to Canada and then to the United States, his *axis mundi*, his center of the universe, became wherever his parents resided: Montreal or Detroit, but, although he turned to these new sacrosanct areas for tranquility and stability, he never abandoned Molise.

At the same time, we learn that America plays some sort of role in all his novels, perhaps due to his American background: a Canadian mother and an American grandfather. At the same time, perhaps America appears as the everlasting image of freedom, a sociopolitical characteristic that was sorely lacking in Italy during the 1930s and 1940s, the Italy of Giose's youth. America appears in all of his work and with the exception of *Una posizione sociale*, it manifests itself as a land of great promise, opportunity, and freedom.

In *Una posizione sociale*, America shows itself, in the late nineteenth century, to be as bigoted, controlling, and terrifying as Fascist Italy in the 1930s; and Rimanelli makes the comparisons between the two distinct countries in two separate time frames to highlight the similarities. Yet in his book *Tragica America*, a text written almost a decade later, there is the America of the 1960s with all its social, political, and racial unrest. The author reveals how America is still a land of possibilities for all who live there. It is a country that has gone past the horrendous hostilities of the 19th Century in order to better itself, still learning and progressing along the way; a country that makes huge mistakes, but, through it all, tries to better itself, correcting the errors it committed, not by denying them, but by confronting them.

Although the Church does not play a major role in Giose's writings, it appears in nearly all of his narratives and it shows itself as being as severe as the appalling and devastating Italian Civil War, and based on a political philosophy that the young boy never understood. Giose will state that he received an incredible education in the seminary, but the everyday life of the seminarian was horrific. He compared it, subtlety, to the horrors and brutality that the Fascists doled out in the peninsula. Fear was constant; hate was present; and abuse was everywhere. The peace and tranquility of the religious life was a reflection that the young boy never saw and it was because of this incorrect and equivocal image that he abandoned his religious studies.

Italy's Civil War (1943-45) left, without a doubt, the most indelible scar on Giose and it presents itself in all of his writing, obviously starting with *Tiro al piccione* and continuing through his last novel, *Il viaggio*. As a young boy, just out of the seminary and knowing nothing about politics, he found himself, through a series of naive events, caught up in the middle of an extremely hostile and violent atmosphere from which he was constantly trying to escape. As Giose has stated, he fought on the wrong side of the war, not for any political reason, but in order to survive. Once in the hands of the Fascists and the Nazis, and after a considerable amount of torture, he was given a choice: fight or die. Giose chose to live. He witnessed incomprehensible horrors and oppression by the tyrannical forces and it traumatized his life from that time on. Every time he saw any type of sociopolitical tyranny, he resisted. Not wanting anyone to suffer as he did, he wrote about the past beastliness as a means of enlightening, delicately, the populace of the present dilemmas by highlighting the past ones. Italy's wartime bloodshed, its Civil War, is a literary component that stands out in all his work and shows how the young and the innocent are victims of a political devastation they did not comprehend, one that was hoisted on to them by an uncaring and unpopular political regime and fortified by an unknowing and uneducated populace. It is a horrific wreckage of the soul that remains with the young throughout their entire lives and one that Giose would prefer that others not endure.

As a person, Giose is an incredible survivor. It would be enough just to read his literary work to see this personal characteristic. All of his characters, or his alter-egos, survive the horrors of their individual lives. The brutalities are consistent with their geographic, social, and political landscape: the Italian Civil War (Marco Laudato in *Tiro al piccione*); extreme poverty (the Neri family in *Peccato originale*); historical political ignorance (Massimo Niro in *Una posizione sociale*), racial fanaticism (Simone Donato in *Detroit Blues*); the war of the sexes (Piero Lapulce in *Graffiti* and Simon Dona in *Accademia*); and even contemporary politics that impede the freedom of the individual (Giose Rimanelli in *Molise Molise*).

Yet Giose, the person, surpasses even his fictional characters in his endurance of the unthinkable. He survived the Nazi and Fascist torture that forced him into a war he did not comprehend and continually risked his life escaping from them; he withstood imprisonment by the American Armed forces at the end of World War II and, again, escaped, ultimately, returning to Casacalenda. In his home town he broke away from the restrictive chains of his past and, simultaneously, the accusatory remarks from townsfolk for having survived the war while fighting for the Fascists, to enter a new post war period in Rome so as to be a writer without any restrictions. In the Italian literary world of the 1950s, at the height of his artistic and professional career, he fled from the asphyxiating control of the publishing houses that wanted to dominate his life and control his ideas. He left Italy, abandoning his international fame, and re-established himself in America as an Italian writer who wrote in Italian and in English, obtaining once again, a new celebrity, without ever forgetting his roots or heritage.

Giose came to the United States in 1960 and, thus, the majority of his life he has lived here. Although an American by citizenship, he still considers himself to be Italian, but is extremely proud of having become an American. Why did he choose to take this new path to American citizenship? Giose would tell you that the reason was the Vietnam War. As an alien living in the States, Giose did not believe he had the right to criticize the American involvement in Southeast Asia. Once he became an established national he was entitled to discuss, openly, the hostilities in Vietnam. His anti-war stance, initiated in *Tiro al piccione*, is further advanced in his first English novel, *Benedetta in Guysterland*, a narrative that won the American Book Award in 1994. In this *liquid novel* he demonstrates, yet again, a personal horror and disgust toward the actual brutality the young were encountering. This disappointment was directed towards the wartime activities in Vietnam. At the same time, it was aimed at the masses that were ferociously attacking the young protesters demonstrating here in the United States against those actions abroad. The juvenescent was, according to Giose's text, the victim of an uncaring society and an indifferent government who failed to see the harm they were doing yet to another generation.

Coming to America Giose continued his writing. His geography changed, but not his perspectives. The same literary elements that were common in his writings in Italy appeared in his works in America. Moreover, America offered Giose the autonomy to write without any limitations or any interference on the part of others. It was a new country that offered him a world without chains to a restrictive past. But, it was a universe that also suffered, sporadically, from a misuse of power.

In America, Giose's first literary adventure was his experimental Italian novel, *Graffiti*. In it the reader becomes aware that the narrator of the tale is Marco Laudato, the protagonist of Giose's first narrative, *Tiro al piccione*. Marco, in fact, appears in the last part of the novel. It is appropriate that his first written literary foray in the States would be recounted by the mature protagonist of his first literary opus. As Marco was condemned by his towns-folk for participating in the war about which he knew nothing, so too, is Piero Lapulce, the protagonist of this new novel who is a victim of yet another type of civil war that manifests itself in the novel: the war between the sexes. But, whereas this novel strives to show men that they treat women as if they were still in the Middle Ages and not in the twentieth century regarding equality, his English novel, *Accademia*, admonishes a certain type of female who manipulates and abuses their recently gained power by directing their animus towards any and all men for little or no reason at all. The experimental style that Rimanelli initiates in *Graffiti* is further developed and expanded in his first English novel, *Benedetta in Guysterland*. Here he will use similar structural elements and, simultaneously, create new ones linguistically. He will blend both of them with the American fascination for organized crime, in a burlesque-like fashion, whereby the image of the Italian American Mafioso comes forward in a strong parody. Giose uses the vicious brutality of this subculture with the melodic counterculture of the era, the 1960s, to highlight the equally ruthless reality of the Vietnam War. Giose's anti-war philosophy did not change as he matured. Nearly sixty years after his own personal inferno he saw another hell-like situation brewing in the wars of Afghanistan and Iraq. Again he witnessed the barbaric behavior of man killing man and, thus, was born his last narrative: *Il viaggio*, a narrative that shows the misinformation that the American government employed to validate an unwarrantable invasion of another country. Like his other narratives written in the United States, this one, also, has experimental components, most notably the use of various artistic genres and literary styles. In a similar manner, his English novel, *The Three-Legged One*, denounces the misuse of political power that the government used in the name of a re-election and justified as executive privilege: the Watergate scandal.

Although it may appear that the bulk of Giose's work is anti-war (and there is little doubt that he was against all forms of violence), his narratives also deal with societal abuses. His book *Detroit Blues* handles the theme of racial inequality and injustice, and in his collection of short stories (*Il tempo nascosto tra le righe*), two narratives, *Fantasmi del passato* and *Dimostranti*, have the reappearance of Marco Laudato in the United States witnessing the prejudice of white America towards Black America. *Tragica America* is a text that deals with the 1960s, a period that saw within the country the assassination of a President, a Civil Rights leader and a Senator. This was a period of numerous upheavals: political, social, economic, intellectual, racial, and artistic; all of which emerge within this narrative. It is, moreover, the appearance of Giose's father, the first generation immigrant, who explains the manner in which the public should handle the horrors of the day.

Giose's penultimate novel, *Familia*, is one that bridges the Old and the New Worlds. It is the story of immigration and, although it deals in large part with his family's history, it is, also, the chronicle of all who migrated. The narrative indicates clearly the reason for which the Southern Italian left Europe for the New World. The abuse and misuse of political power in Italy had an effect on the southerner from a sociopolitical and economic standpoint. Their extreme poverty and lack of any possible social advancement had them leaving in droves, all searching for a better life in a country other than their own. These first immigrants were faced with a new and harsh reality in the New World: they did not speak the language and they did not assimilate well and it was a situation that would not change for several generations.

It should be pointed out that Giose is not limited only to narrative forms of expression as he has also written several books of poetry, most notably *Moliseide, Arcano, Da G a G: 101 Sonnetti, Al-*

ien Cantica and others. As I have been asked to write this introduction, I have decided to write on the area I know best and prefer: the narrative. Yet, Giose's poetry contains many of the same literary traits seen within his narrative texts: the Orphic journey from one universe to another; the subtle reference to classic literature; and the experimental nature of language; all are ever-present within his work.

The American Celebration of Giose's work was held on February 20, 2015. It was a bitterly cold day with heavy snow in many areas. Transportation to and from New York City was halted due to the bad weather. Yet, the people came to celebrate Giose's ninetieth year. There were nine lecturers, all from scholars of American Institutions, who spoke about his literary opus, his journey to America, and the impact he had on contemporary Italian and Italian American literature. Each of these presenters has dealt with his work over the years, some a few times, and others who are just beginning their academic career.

Whether it is through his literature or in a conversation with him, the appearance of the classics is ever present. A conversation with Giose never fails to go without mention of one of the writers, most notably Dante. It is, therefore, totally appropriate and befitting that there are nine essays presented in this volume, a number that corresponds to the medieval world that Giose loves so dearly. The first of these essays, "La poesia dialettale di Giose Rimanelli" by Luigi Bonaffini, deals with dialect poetry of the present era. Bonaffini describes Giose's work as neo-dialect in that the writer is now a cultured and educated person. In her essay "Memory and Childhood in Giose Ri-manelli's *La stanza grande*," Romana Capek-Habekovic shows that Giose's autobiographical references serve as a point of departure into the larger context of society. Fred Gardaphé, in his article "Mas(que)culinities in Two Novels by Giose Rimanelli," illustrates how Giose uses masques of gender to undermine the power of traditional male roles by converting those stereotypical strengths into weaknesses. New to Rimanelli studies is Sabrina Infante. Her essay, "Con gli occhi chiusi: Lo stato ipnagogico in due romanzi di Giose Rimanelli," deals with the hypnogogic journey of the protagonists in two of Giose's novels: *La stanza grande* and *Il viaggio*, Giose's third and last novel. In the composition by Sante Matteo, "Flesh Made Word Made Flesh," he indicates how life is a journey and that Giose takes the reader on many voyages through life with the purpose to show the will to survive, to thrive and to propagate. "In Giose Rimanelli's *Tiro al piccione* And the Return to the Beginning," Mark Pietralunga examines the correspondence between Giose and various people prior to and after the publication of his first novel, *Tiro al piccione*. The essay, "Un viaggio di maturazione: osservazioni sull'uso della prima persona in *Tiro al piccione* di Giose Rimanelli," by Maria Rosaria Vitti-Alexander, shows the coming of age of the young protagonist within Giose's first novel. In his article "Una rilettura dell'autobiografismo nell'iter letterario di Giose Rimanelli," Antonio Carlo Vitti discusses the use of autobiography in Giose's literary journey both in Italy and in America. The final essay by Luigi Fontanella, "Giocando a quattro mani con Giose: Una testimonianza," handles the topic in how two poets join forces to write a volume of poetry together.

The John D. Calandra Italian American Institute of New York City, headed by Dean Anthony Julian Tamburri, organized the symposium and invited the speakers. It was a success and, as planned, a celebration of Giose's ninetieth year that lasted the entire weekend. Both Anthony and I invite you to read the essays presented here and, in your own way, rejoice along with us in the creativity and life of this unique writer, Giose Rimanelli.

La poesia dialettale di Giose Rimanelli

Luigi Bonaffini
BROOKLYN COLLEGE

Il critico Gianfranco Contini ci ha ricordato che la letteratura italiana è l'unica grande letteratura nazionale per la quale il dialetto è una parte integrante ed ineliminabile. Questa profonda verità, troppo spesso dimenticata in passato, si è venuta affermando con grande forza negli ultimi decenni, grazie ad una inaspettata e rigogliosa fioritura di poesia in dialetto, che rappresenta senza dubbio uno dei fenomeni più importanti e caratterizzanti della letteratura italiana del secondo Novecento.

Echi di questi fermenti culturali sono sopraggiunti negli Stati Uniti per la prima volta ad opera di Hermann Haller, che nel 1986 ha pubblicato *The Hidden Italy*, la prima antologia bilingue di poesia dialettale, e poi di Gaetano Cipolla, direttore della rivista bilingue (siciliano-inglese) *Arba Sicula*, specialista di poesia siciliana e traduttore di diversi poeti siciliani. Negli Stati Uniti esiste da lungo tempo una tradizione di poesia dialettale di ascendenza popolare, quasi sempre legata ad un uso nostalgico del dialetto volto al recupero di una realtà abbandonata ma mai dimenticata, e quindi legata alla tematica dell'emigrazione e ai problemi dell'acculturazione, compreso quello fondamentale della lingua. Le espressioni italo-americane[1] che spesso lardellano il testo sono le tracce visibili di questo arduo processo di acculturazione. I più recenti esponenti di questa poesia dialettale di emigrati sono i siciliani Vincenzo

---

[1.]Per uno studio del linguaggio degli italo-americani, vedi Hermann Haller, *Una lingua perduta* e *ritrovata*, (Firenze, La Nuova Italia, 1993).

Ancona (*Malidittu la lingua / Damned Language*, New York, Legas 1990) e Nino Provenzano (*Vinissi / I'd love to come*, New York, Legas, 1994), il cui mondo poetico s'incentra sul continuo confronto di due culture diverse, dal quale scaturiscono considerazioni sul mondo moderno e sulla condizione dell'emigrante. Una simile vena umoristico/moraleggiante percorre le poesie in dialetto napoletano di Nino Del Duca, scomparso alcuni anni fa, assiduo collaboratore del giornale italo-americano *America Oggi*. E poi naturalmente c'è Joseph Tusiani, che ha pubblicato ben dodici libri di poesia dialettale e richiederebbe tutto un discorso a parte.

Ma si può dire che la poesia dialettale contemporanea (o poesia neodialettale, come viene comunemente chiamata), approda negli Stati Uniti nel 1992 con la pubblicazione di *Moliseide* (New York, Peter Lang Publishing) di Giose Rimanelli. Non si tratta più di poesia popolare italo-americana imperniata sul bozzettismo ed i quadri di costume o di poesia dialettale italiana riportata in antologie, ma quella di uno scrittore italiano che vive in America e decide di scrivere un libro di poesie nel suo dialetto molisano, svicolandolo dai temi tradizionalmente legati alla poesia dialettale, il bozzettismo, il colore locale, il sentimentalismo archeologico, con piena coscienza di tutte le possibilità espressive dello strumento prescelto, e completamente in sintonia con le tecniche più avanzate della poesia dialettale contemporanea.

La poesia dialettale di Rimanelli s'inserisce quindi con pienezza di risultati nel ricco filone della poesia neodialettale contemporanea. Il poeta dialettale contemporaneo non è più legato al municipio, alle tradizioni locali, alla cultura regionale, alla cultura del folklore espressa dall'antica civiltà contadina ormai scomparsa, ma è una persona colta, che ha fatto le stesse esperienze letterarie e culturali del poeta in lingua, che conosce altre lingue e altre letterature, s'interessa ad altre forme d'arte e di comunicazione come la musica o il giornalismo[2]. Spesso vive lontano dal luogo natio, e rimane quindi estraneo alla cultura letteraria regionale, riscoprendo la lingua materna dopo notevoli esperienze letterarie ed esistenziali, ormai purificata da condizioni culturalmente subalterne. Questo gli permette di inserire esperienze culturali diverse nel corpo della poesia dialettale e quindi i riferimenti non sono più le letterature regionali, ma le letterature straniere—francese, inglese, americana—in un orizzonte culturale ormai illimitato, che è poi l'ambito naturale in cui si muove l'opera di Rimanelli. Se seguiamo le indicazioni di Franco Brevini (oggi forse il maggiore studioso di poesia dialettale, che distingue tre gruppi di poeti dialettali: "quelli che scrivono solo in dialetto, quelli che approdano al dialetto dopo un'esperienza in lingua e quelli che alternano i due codici"), Rimanelli si colloca senz'altro nel terzo, cioè gli autori in cui l'esercizio della poesia avviene all'interno di un orizzonte di tipo sperimentale, sfruttando tutte le risorse legata alla variazione alessandrina dei codici."[3]

Per Rimanelli l'interesse per il dialetto significa prima di tutto ricerca di linguaggio poetico. Non è una tradizione locale che nutre e sottende l'uso del dialetto, ma un linguaggio letterario, e il rapporto determinante è tra il dialetto ed il linguaggio poetico (l'italiano, ma per Rimanelli anche diverse altre forme di linguaggio, come ad esempio il Blues americano e la poesia francese e americana). Questo è vero per tutti i maggiori poeti dialettali (Giotti chiamava il dialetto "lingua della poesia"), e quello che Pancrazi ha detto di lui si potrebbe ugualmente riferire a Rimanelli: "Il suo dialetto stesso sembra più una scrittura d'artista che un linguaggio popolare."[4]

Nella sua postfazione a *Moliseide* Giuseppe Jovine nota che il

---

[2.]Queste osservazioni provengono da *La maschera del dialetto*, a cura di A. Foschi e E. Pezzi (Longo, Ravenna, 1988) 64.
[3.]Brevini, *Le parole perdute* (Torino, Einaudi, 1990) 125-126.
[4.]Ibidem

libro è una fuga verso le origini, sia letterarie che esistenziali, e per questo assume un ruolo determinante nell'opera di Rimanelli. La sua terra di nascita, il Molise, è la metafora di un universo perduto, un luogo della fantasia e della memoria dove il linguaggio ancora affonda le sue radici nell'esperienza e nel vissuto. Ma è anche un luogo dove si può affrontare l'antico trauma della separazione, la perdita di un'identità comunitaria, il dislocamento culturale. Una ricerca delle radici linguistiche ed esistenziali per alleviare il dolore della ferita mai rimarginata, dello sradicamento, oltre che un tentativo di riconoscere la dignità della persona umana di fronte all'appiattimento e l'indifferenza della cultura dominante.

Questo ritorno alle origini, così centrale all'opera più recente di Rimanelli e impulso motivante delle poesie di *Moliseide*, nasconde un regresso controllato, intenzionale, verso il mondo mitico dell'infanzia, con la sua promessa di una lingua arcaica e materna (come in Zanzotto, Noventa, Pierro). Inevitabilmente, in Rimanelli a questo bisogno di ritornare alla sorgente del linguaggio si unisce la ricerca di un'altra fonte originaria, alla radice stessa della tradizione letteraria romanza, cioè la poesia religiosa e la poesia trovadorica provenzale. Questo secondo bisogno, più espressamente letterario, è condiviso da molti poeti dialettali, quali Pasolini, Baldassarri, Guerra, Bolognesi, Giacomini, Scataglini. Ma da Pasolini soprattutto, come fa notare Contini quando collega il poeta agli antichi trovatori, e Pasolini stesso ammetteva apertamente che i suoi modelli letterari non erano i poeti dialettali, ma i trovatori provenzali.

In Rimanelli, però, questa compulsione a ritornare alle fonti letterarie è congenitamente legata alla sua propria formazione culturale, alle sue prime, e decisive, esperienze letterarie. Nella sua prefazione a *Monaci d'amore medievali*, un'interpretazione moderna di poesie d'amore scritte in latino da monaci medievali, lo scrittore ci racconta come ha conosciuto in tenera età l'opera di questi monaci itineranti, questi "joculatores," che hanno lasciato un'impronta indelebile sulla sua fantasia. E d'altra parte il rapporto tra le canzoni religiose e la prima poesia trovadorica è stato ampiamente esplorato, ed è stato dimostrato che le forme metriche e melodiche di tanta lirica provenzale derivano dalla canzone religiosa contemporanea[5]. Rimanelli ha espresso più volte il suo grande amore per la lirica provenzale. Come nota anche Brevini: "Come quei 'fabbri del parlar materno', anche i nuovi poeti, suggestionati dal mito delle origini romanze, si compiacciono di condurre sulla soglia della scrittura gli idiomi delle loro origini...nella parola dialettale il poeta avverte quella capacità di restituire la presenza delle cose, quella pronuncia salda, priva di echi ed aloni, caratteristiche appunto della letteratura delle origini, che aveva ugualmente a che fare con una lingua vergine, non ancora usurata."[6]

Anche per Rimanelli l'interesse per la poesia trovadorica è squisitamente letterario. È sedotto dall'incessante sperimentalismo dei trovatori, dalla loro fede nel potere autogenerante della parola, nella sua capacità di stabilire nessi, rapporti inattesi con altre parole, di rispecchiarsi in innumerevoli permutazioni e identificazioni analogiche. Rimanelli sa bene che il gioco d'amore dei trovatori è in effetti amore del gioco, un fissarsi sul piacere combinatorio della parola, e che il vero oggetto della loro passione non è la donna, ma il linguaggio stesso. A questo proposito vorrei citare un fine conoscitore della poesia di Rimanelli, Giambattista Faralli:

"È il linguaggio dialettale stesso a porsi come l'unico e solo referente, generatore, con la sua fisicità grafica, con i suoi meccanismi fonici, con la sua sintassi e il suo intrinseco ritmo, di emozioni, scatti memoriali, percezioni sensoriali e psicologiche, fantasmi dell'immaginazione."[7]

[5.]Kendrick, Laura, *The Game of Love*, Berkeley, University of California Press, 1988, pp. 137-39.
[6.]Brevini, *Le parole perdute*, cit., p. 63.
[7.]Introduzione a Giose Rimanelli, in *Dialect Poetry of Southern Italy*, a cura di Luigi Bonaffini, (New York, Legas, 1997).

Moliseide è nata dalla stessa passione, e attinge profondamente al complesso apparato retorico del "gay saber" e della poesia medievale, dal piacere combinatorio della parola in tutte le sue molteplici manifestazioni: paronomasia, anafora, assonanza, consonanza, rima interna, allitterazione, chiasmo, omoteleuto, distici (*coblas capfinidas*), terzine, ballate, ritornelli. Se c'è una figura retorica predominante e caratterizzante in *Moliseide*, è certamente la figura della ripetizione, che percorre la gamma intera delle sue possibili manifestazioni, dal livello fonetico (paronomasia e omoteleuto) a quello strutturale (anafora interstrofica e ritornello). L'anafora, come elemento sia musicale che strutturale, è un tratto ricorrente e sistematico in tutto il libro:

> Me so' ddèrmute dént'u córe tije.
> Me so' perdute dent'a móre tije.
> Me so' sènnate nè chèsette e i figlie...

> *Mi sono addormentato dentro il cuore tuo. / Mi sono perduto dentro l'amore tuo. / Mi sono sognato una casetta e i figli...*

Mentre la poesia provenzale è una forte sottocorrente che attraversa tutta *Moliseide*, affiorando qua e là in malcelati adattamenti moderni della lirica trovadorica — "Amore di donna lontana," per esempio, è un'interpretazione rimanelliana di "Amors, de terra lonhdana," di Jaufré Rudel — esistono modi più sottili mediante i quali questo libro si modella sulla poesia trovadorica, e qui si fa riferimento all'ostinazione con cui Rimanelli registra la cronistoria di ogni singola poesia, a cui aggiunge sempre luogo e data. I primi canzonieri dei trovatori, per lo più scritti in Italia da uomini come Ferrari de Ferrara, generalmente contenevano "vidas," profili autobiografici dei poeti, e "razos," un resoconto della situazione storica che sottende la composizione di una particolare lirica. Che le intenzioni storicizzanti di Rimanelli si possano far risalire a delle fonti così antiche è meglio evidenziato da un confronto con gli altri suoi libri di poesia, *Carmina Blabla*, *Monaci d'amore medievali* e poi *Arcano*, dove la "razo" non si limita a luogo e data, ma include una sorta di auto-esegesi, una concisa spiegazione dell'occasione autobiografica a cui si ispira il componimento.

Nella sua poesia dialettale Rimanelli si cimenta con una grande varietà di schemi metrici: versi bisillabi, trisillabi, quadrisillabi, quinari, senari, settenari, ottonari, novenari, decasillabi, endecasillabi, versi ipermetri, verso libero, versi misti. Ma più comuni sono i settenari e gli ottonari, che sono poi una rilettura, in chiave sperimentale, della poesia popolare (è implicito che mentre molti componimenti sembrano echeggiare la poesia popolare, la letterarietà stessa del testo esclude ogni possibilità di raffronto o derivazione diretti). Un tratto saliente di molti componimenti è la cesura medievale, che divide il verso in due emistichi, producendo così doppi quaternari, quinari, settenari, ottonari:

> Càntène i galle, vólene i ciélle.
> Z'è fatte juórne: che t'aje dice?
> Sèmbe tu vié chi vràcce tése,
> u cuórpe'èccise ni suonne mije.

> *Cantano i galli, volano gli uccelli. / Si è fatto giorno: che devo dirti? / Sempre tu vieni con le braccia tese, / il corpo ucciso nei sogni miei.*

Pur essendo versi di dieci sillabe, questi non sono propriamente decasillabi, ma quinari doppi separati da una forte cesura. Ciò significa che non possono essere resi semplicemente come decasillabi in inglese, se si vuole approssimare il ritmo dell'originale. La soluzione adottata nella traduzione è il doppio dimetro giambico con cesura:

The roosters sing, the birds are flying.
Daylight has broken: what can I tell you?
You always come with arms outstretched,
your body slain within my dreams.

Un'altra complicazione di non poco conto, dal punto di vista del traduttore, sta nell'uso che Rimanelli fa della rima, impiegata frequentemente, spesso con uno schema preciso, e può essere doppia, tripla, quadrupla e addirittura quintupla:

U Tiémpe du rèllògge me fa víve:
vússe stu cuórpe da mètín'a sére.
Quànne me férme súle, cu pènziére,
è sèmbe 'n àtu Tiémpe che me véve.
Dèmàne rèchèmènze cu pèssate.
Squèrdàte sònn'i suónne ch'è sènnàte?

Il Tempo dell'orologio mi fa vivere: / spinge questo corpo dalla mattina alla sera. / Quando mi fermo solo, col pensiero, / è sempre un altro Tempo che mi beve. / Domani ricomincia col passato. / Dimenticati sono i sogni che hai sognato?

Alla diglossia italiano/dialetto si aggiunge un terzo codice, l'inglese, uno degli elementi fondamentali che contraddistingue l'opera di Rimanelli e le conferisce una larga misura di eccentricità rispetto a quella degli altri dialettali. Un altro libro di Rimanelli, *Jazzymood* (2000), è in effetti trilingue: prima parte in inglese, seconda in italiano, terza in dialetto. Forse il significato più profondo della poesia dialettale, come osserva Brevini[8], sta proprio nella sua lotta contro l'imposizione di una superlingua livellatrice, che a livello nazionale (l'italiano) emana dai mass media e dai centri produttivi del Nord, portatrice di valori legati esclusivamente alla produzione ed al consumo, ed a livello sovranazionale (l'inglese)

[8.]Franco Brevini, *Poeti dialettali del Novecento*, Torino, Einaudi, 1987, p. X.

mirante al monoculturalismo globale e all'azzeramento di qualsiasi particolarismo etnico e culturale.

Da una parte, quindi, l'inglese è la lingua imperiale, planetaria, irrinunciabile; dall'altra, in Rimanelli, è lingua d'elezione e di studio, dell'identità scissa, delle prove narrative che porteranno all'American Book Award con *Benedetta in Guysterland* . E infine, anche lingua strumentale, della quotidianità e del lavoro. Ma il dialetto rimane la prima lingua, la vera lingua originaria, la più profonda, la lingua materna, sulla quale si sono successivamente sovrapposte le altre, l'italiano e l'inglese, ma senza poterla sopprimere nella sua unicità, nella sua ricchezza affettiva, nel suo ruolo insostituibile di veicolo memoriale.

Nell'ultimo libro di poesie dialettali di Rimanelli, *I rascinije* (Faenza, Mobydick, 1996). strettamente collegato a *Dirige me domine, Deus meus*[9] per la centralità della figura paterna e del motivo della morte, il dialetto assume caratteristiche fonosintattiche abbastanza diverse, ed appare più denso, più refrattario, sintatticamente più complesso, con punte idiomatiche di notevole durezza, impervie ed aspre, metodicamente evitate nella prima raccolta, e con ampie aperture verso la discorsività, per cui Serrao, nella sua prefazione al libro, parla di un "tono di 'crudeltà' (o crudezza) in più, finora sconosciuto alla pratica dialettale del nostro autore":[10]

> E' tànde marejènde sc_tè jernàte
> che me vevésse ù féle èmmaudìtte.
> Velésse sc_tenècà dù cuórpe suónne
> e scuórne mmendènàte èsse, chi cìppe
> e i frùsce de sc_tù viérne nù chènnìte.

9.Campobasso, Edizioni Enne, 1996.
10.ivi, p.7.

E' tanto amara questa giornata /che mi berrei il fiele maledet-
to. /Vorrei stonacare dal corpo sonno /e vergogna ammontic-
chiati lì, con gli stecchi /e le foglie di quest'inverno nel canneto

This day's has turned so tingling bitter
that I am up to quaffing cursed bile.
I would unplaster from my body sleep
and shame heaped up in it, with winter's
twigs and fronds down in the canebrake.

Ma i risultati più alti della poesia dialettale di Rimanelli si hanno
forse nello scarto inaspettato verso un canto di estrema semplicità
e purezza, che sembra nascere dal profondo dell'essere e del tempo, un canto funebre appunto, misurato sulla lenta modulazione
dei blues:

Patreme,
u patre mije ze n'è iute,
ze n'è iute èrréte'a pòrte,
èrréte'a porte ze n'è iute

Mio padre, / il padre mio se n'è andato, / se n'è andato dietro
la porta, dietro la porta se n'è andato.

La lamentazione con cui si chiude il libro rappresenta il controllo
rituale del patire, la disperazione che diventa liturgia, ma è anche
la riconferma definitiva dello status del dialetto come "lingua profonda," veicolo insostituibile della memoria e dell'emotività.

Memory and Childhood in Giose Rimanelli's
La stanza grande

Romana Capek-Habeković
UNIVERSITY OF MICHIGAN, ANN ARBOR

To understand Giose Rimanelli's literary opus, both narrative and poetic, one needs to take into account the thematic fabric of his works. Most of them are permeated with autobiographical references, recalls, and reconstructions of his own past. However, this auto-thematisation does not enclose his discourse into a linear self-analysis void of a broader understanding of history and culture, it rather serves him as a point of departure into the larger context of society. Rimanelli's travels across the globe and his ultimate settlement in the United States anchored his need for a lasting auto-communication with his present self and his past I. To fulfill this existential imperative for safeguarding his own identity in unpredictable and changeable life circumstances he employs memory as his faithful alias. Remembering his childhood is a means for sustaining this dialogue with himself, which in turn becomes an agent of the author's self-identification.

Tiro al piccione (1953), *Peccato originale* (1954), and *Una posizione sociale* (1959) belong to Rimanelli's trilogy published in the 1950s that placed him among the most non-conformed authors among the Italian literary establishment of postwar Italy. Consequently the recognition of his unique narrative voice didn't come following the publication of these novels neither from the Italian readership nor the literary critics, but it did intrigued the European and American literary circles, which resulted in translations of these works. *Una posizione sociale* originated from a manuscript entitled *La vecchia terra* (1946) in which we can already trace the autobiographical references to the narrator's childhood, which in a subsequent revision of the text evolved into the narrative nucleus of *Una posizione sociale* published with the revised title *La stanza grande* (Cava dei Tirreni: Avagliano Editore) in 1996.[1] Our textual references and quotations are from the 1996 edition of the novel.

The structure of *La stanza grande* consists of a Prologue, an Epilogue, and a central part dated as "15 gennaio 1937." In the absence of chapters the novel follows the "Trilogy Principle," a term that James Olney uses in his discussion of "Jean-Jacque Rousseau and Narrative Memory."[2] He concludes that this principle "can be readily found in the structure of thought and expressions of the Western world from the ancient Greeks to the present time." Olney's analogy resonates the Aristotelian teaching that a narrative possesses a beginning, middle and end. Moreover, Olney also points out St. Augustine's "devotion to the Trinity or, in other words, to the idea of three-ness as an organizing fact both in the world and beyond it."[3] This unity of three frequently resurfaces in Rimanelli's literary production as well, and it weaves throughout

---

[1] In Notes to *La stanza grande*, Sebastiano Martelli traces Rimaneli's autobiographical flux in *La vecchia terra*, which includes three blocks: childhood, years spent in the seminary, the war experience and the return home. The manuscript furnished the base for the subsequent composition of two novels (*Tiro al picione* and *Una posizione sociale)* and a long story *(Due vocazioni)* 197.

[2] *Memory & Narrative: The Weave of Life-Writing* (Chicago & London: The University of Chicago Press, 1998) 103.

[3] In his reading of St. Augustine's work *De Trinitate*, Olney concludes that St. Augustine's "tri-unity is not only a principle of theology and of the divine but finds its necessary replication in the human psyche as well with its three dominant and interlocking powers of memory, understanding, and will." He also focuses on Augustine's discussion of time that shows him being "thoroughly trinitarian" in a sense that for him "there are not three different times — past, present, and future — but three modes of a single time — a present of things past, a present of things present, and a present of things future." Olney states that, according to Augustine, memory "is the operative faculty in all three temporal modes mentioned above" (104).

his discourse both as a linguistic postulate and a structural core. Our narrator's entering into a seminary in Ascoli Satriano at the age of ten exposed him to a wealth of cultural humus that deeply affected his formative years when he studied sacred texts, Latin, Greek, Provencal, French, and Hebrew. It is safe to assume that he was exposed to both St. Augustine's and Aristotle's works, and became attracted to their belief that the narrative and the world for that matter operate under the principle of three. Therefore he applied it to his understanding of memory as a threesome of recollection, reconstruction and imagining of one's past from the present point of departure.

This principle of self-narration under the auspice of a grouping in three is imbedded into the structure of *La stanza grande* as well. The story-line centers on Rimanelli's memory of the relationship with his parents especially with his mother, on the maternal father and grandfather Dominick, and on the episodes that involve the painter, Cesare Orlandi, and the actress Stella Gomena, the wife of don Mariano Scevola. It is important to point out that the autobiographical memory, regardless of its assumed structure, brings to the fore two essential elements — space and time, thus subjects the narrative voice to the process of a recollection, reconstruction and imagining in a specific spatial and temporal dimension. In *La stanza grande* Casacalenda, in Molise, is a place of Rimanelli's return to his childhood, and the time is the year 1937. The apparent specificity of the location and time, however, does not mean that the narration of the novel is linear. The author's memory takes him to different spaces and times, some real, others loosely reconstructed or imagined because his conscious and subconscious mind continuously intertwine and permeate his narrative discourse. Flashbacks, inner monologues, and reconveyed dialogues written in cursive serve as subtexts to the principal narration and emphasize the unpredictability of memory's movement. We agree with Daniel Albright's conclusion that "the re-

13

membered self,... is not linear, but a matrix ramifying backward in all directions, as a garden of forking paths that converge in the present" (31).

While the manuscript *La vecchia terra* only touches on the mnemonics of the writer's childhood, *La stanza grande* transports Rimanelli to his childhood from his self in the present. One could ask why the author reaches far into his past to retrieve memories that perhaps are no longer grounded in an accurate account of past events and feelings. One plausible reason for it is the historical circumstance that had surrounded the author and had preceded the writing of *Una posizione sociale*. The 50s were the years in which Italy was undergoing social and cultural changes that took place in many European countries following the Second World War. People felt displaced in that new reality, and Rimanelli found himself in the midst of it all. Being different from other writers of his generation, not fitting into any literary mode, a rebel by choice, he felt excluded and alienated. This charged historical and personal time brought into focus his need for self-identification and self-rediscovery. One way to retrace his true self was to recall his childhood memory when one is free to roam the world unburdened by social norms and prescribed codes of behavior, and emotions are unpolluted by life's struggles, thus enabling one to open up to new experiences and soak in impressions of the surrounding world.

Michael Ross and Michael Conway in their essay "Remembering One's Own Past: The Construction of Personal Histories" state: "We are all personal historians.... A sense of personal identity involves, among other things, a view of oneself through time" (122-23). When this view takes us from the present to our childhood, we are able to follow the development of self as a shifting entity through time, hence become aware of our many-sidedness. Rimanelli's reconstruction of his childhood in *La stanza grande* adopts the first person narrator, Massimo, therefore affirming an interconnection between his present self and his revisited self. In other words, he recalls his childhood by turning backward but seeing it through the experiences that happened between now and then. By doing so his self-reading memory objectifies an interpretation of his childhood by way of the present time optic. Edward S. Reed defines autobiographical memory as "the me-experiencing-now becoming aware of a prior-me-experiencing its (prior) environment" (283) which resonates with Rimanelli's approach to inner workings of memory.

The revised title of *Una posizione sociale* into *La stanza grande* suggests the author's intention to situate the principal narration of the novel in an authentic space, his childhood home, in order to lend to it a more intimate realm of reality. By doing so, his memory gains a footing in the factual locus not as much for the reader's sake as for the author's. Rimanelli is aware that retrieval and recall of his childhood is a task challenged by a lapse of time and the limits of memory, thus the large room in his house becomes a custodian of events that he remembers had taken place in it. It functions both as a "metaphor" and a "symbol" of his life subjected to many changes throughout the years, just as the room's function metamorphoses into its multiple usage.[4] The room also steers the narrator's emotional memory of a boy trying to understand the world around him. It is a process that parallels Rimanelli's search for clues in his childhood that would lead him to his own self-identification. Georges Gusdorf's definition of the autobiography as a "second reading of experiences" (38) is applicable to our author's understanding of the autobiographical memory.

---

[4] Notes to *La stanza grande*. We adopted Martelli's terms for defining the change in the title of *Una posizione sociale* into *La stanza grande*. He rightfully concludes: "La stanza richiamata nel titolo è invece molto più efficacemente simbolo e metafora di una narrazione abilmente incastrata tra reale ed immaginario, una memoria dellà infanzia recuperata attraverso una immersione nella psiche riproposta con tecniche narrative in grado di significare e concentrare flussi coscienzali, intrusioni oniriche e proiezioni fantastiche" (202).

Moreover, Gusdorf concludes that this second reading "is truer than the first because it adds to experience itself consciousness of it," and we concur.

In the Prologue of *La stanza grande* the author describes the room after the departure of a tenant, police magistrate Aggresi, following his father's death. By the narrator's mother's account the room "Non è un vero appartamento, e voi stesso vi sarete accorto che non su può vivere a lungo in uno stanzone come questo" (29). The father, happy to see the room vacant, plans to designate to it another function: "Di quella partenza il più allegro era mio padre, il geometra Niro, che appunto nella stanza grande sul pianerottolo pensava di trasferire i nostri letti" (29). His happiness was short-lived because the grandfather Dominick brought in a new tenant, the painter Cesare Orlandi.

Rimanelli's detailed description of the work the father did in the room in order to make it suitable for a child brings us to additional properties of memory, its accuracy and fallacy. The syntactic and linguistic elements of this depiction reveal the narrator's questionable recall of his father's actions:

> Tolse il divisorio di compensato che il pretore aveva eretto per separare la cucina; aprì una nuova finestra sul vicolo; spruzzò in giro vari litri di creolina tapò i bucchi degli scarafaggi riverniciò la porta e la persina sul cortile diede due mani di bianco alle pareti; sostituì la tazza del cesso; disegnò persino, con certi pennelletti sottili, frange azzurre e rosa sul soffitto. (30)

What this quoted text illustrates is the fact that memory resorts to the imagination and the supplementation when faced with the impossibility to retain unadulterated images through time. In our textual analysis of *La stanza grande*, rich with imagined elements admixed with the accurate recapture of childhood imagery, the term fallacy can be broadened into a narrative fallacy that fills the gaps caused by the skipping nature of memory. The missing portions of memory are imbedded with invented images in order to grant a fluency to the narrative discourse.[5] This narrative fallacy points to the dualistic nature of memory that is in a constant state of flux between the consciousness and sub-consciousness. Rimanelli himself questions the power and the weakness of memory especially its ability to accurately retain past experiences, and to store them until he wants to bring them to the present. His doubts are exemplified at the beginning of the central part of the novel at the time when he establishes a precise time for the novel's narration: "15 gennaio1937":

> La vera storia non incomincia quando arrivò il pittore: esisteva da prima. Ma col venire del vento e delle corte giornate, dopo quell'estate calda e così felice nella quale avevo visto il geometra mio padre sfacchinare fischiettando nella stanza grande, la memoria ritrova il primo filo dell'impalcatura e cerca tenergli dietro, avanti e indietro nei suoi bizzarri salti senza un principio. Il principio di tutto è forse racchiuso in una stagione singolare, in quella che viviamo o in quelle di anni prima: ma chi può stabilirlo? Hanno tutte un colore semi parallelo sia nell'infanzia che nella vecchiaia. (33)

The author realizes that the nature of man's very being is to forget the negative experiences, and to hold on to the positive ones that can favorably impact his existence, or help him to better understand his present self. In discussing the recall of a long-term memory, Ross and Conway point out selectivity as one of memory's properties, and they argue that "we tend to exhume

---

[5] Greg J. Neimeyer and April E. Metzler in their article, "Personal Identity and Autobiographical Recall," claim "that autobiographical memory is better understood as a process of personal reconstruction than one of a faithful reconstitution" (105). The narrative of *La stanza grande* offers multiple examples of this personal reconstruction of the author's childhood.

only a subset of our experiences " (123). Their conclusion is relevant to Rimanelli's autobiographical memory as he tries to re-read his present I by way of his child self by extracting experiences through the selection process. While he reconstructs his past he strikes a balance between the positive and negative childhood images. For example, he remembers his father as man with an easy to flare temper, not a stranger to corporal punishment when disciplining his children, and a man who gets drunk when his wife is about to give birth because he fears she might die in labor. The author also recalls him as being in a perpetual confrontation with his father-in- law, grandfather Dominick whom Rimanelli idolizes in the novel, and depicts him in capital letters: "Il nonno UN UOMO MERAVIGLIOSO" (147). The relationship between the grandfather and the father as being his antipode illustrates the binary nature of the author's childhood memory. He brings to the fore both positive and negative experiences generated by these two men. His remembrance of a difference in parenting style between his father and his mother is an additional testimony to the twofold essence of his recall:

> M'ero accorto da tempo che facevo le spese di due metodi educativi: quello materno e paterno. Enrico Niro urlava, sbraitava, a volte menava le mani: avevo paura fisica di lui. Ma dimenticavo presto le urla e le percorsse. Francesca invece mi feriva con le parole, mi prendeva in giro, mi faceva notare quant'ero sciocco, quand'ero presuntuoso, com'ero manesco alla maniera di mio padre. La temevo più. (76)

This description of the mother contrasts her presentation in Rimanelli's other autobiography-inspired narrative works in which he worships her in an Oedipal manner. In spite of a positive/negative memory he has of his parents, he remembers their marriage as one based on love and a mutual respect, turbulent at times, and yet enduring:

"Sentivo le liti, vedevo le riconciliazioni. Chiudevano la porta della stanza da letto *vai a giocare a palla* e sentivo ancora le parole. Ma non andavo a giocare a palla" (92).

The memory of his parents is intermixed with a chronological re-capture of the history of the villa and its wing in which the Rima-nellis lived as he was growing up. It is evident that the author conducted a well-documented search because he cites the names of all the previous owners going back several centuries, and con-nects that history to the times when his family's history in the villa began: "Quando subentrò il nonno americano, nel 1924, la mezz' ala che gli era stata ceduta fu pagata con alcune centinaia di dol-lari che portavano la firma del presidente Calvin Coolidge" (42). This memory of the real time in *La stanza grande* is especially per-tinent in the author's recall of the grandfather Dominick's account of the tragic anti-emigrant event that had taken place in New Or-leans on March 14, 1891, and resulted in the deaths of eleven emi-grants, mostly Italians. [6] The grandfather's version of the massacre includes him as an active participant, which differs from reality. Rimanelli's narration of the historical circumstances that lead to the carnage is based on his research, and yet he lets his grandfa-ther own his American past the way it suits him. The multiple ac-counts of a single event were a result of Dominick's sleepless nights when he used to invite his village friends, and retold and reenacted the years he spent in New Orleans, the struggles and

---

[6] After the assassination of David C. Hennessy, a police chief of New Orleans, in 1890, there was a trail in which where indicted 19 Italians for his murder. After a not guilty verdict was reached for the group, the mob broke into prison the next day, and lynched 11 of the imprisoned men. A grand jury cleared those involved in lynching, which broke relations with Italy. In order to repair them the U.S. government paid a $25,000 indemnity to Italy.

humiliations he endured, the hard work he did, and the emigrants from Sicily and other European countries he had met, poor men that shared the same fate and suffering in a promised land. The gist of his narration remained the same but those American years were always enhanced by a newly-emerged memories, his own brand of story-telling with the sole purpose to keep his company entertained. Rimanelli's reconstruction of the grandfather's fabulation represents the transition of his narrating I into Dominick's voice, especially when his discourse is laced with fill-in-the gap imagery. This switch in the narrative voice together with fill-in-the gap imagery attributes to the overall textual fluidity and its dynamic.

The author's recollection of the grandfather's trumpet playing, and his involvement in the New Orleans musical scene and tradition permeates a significant portion of the novel. It highlights the importance and development of jazz in New Orleans at the beginning of the 20th century. Upon Dominick's return to Italy and settling down in Casacalenda, he only occasionally played his trumpet, often at the request of his friends, and frequently to spite his son-in-law, Enrico Niro. Music is a recurring theme in several of Rimanelli's works especially in those that negotiate the autobiographical memory. In *La stanza grande*, by virtue of repossessing his childhood in the present, the author creates a space in his narrative discourse that revitalizes his lasting fascination with music, specifically with jazz.

Rimanelli's novel promotes an additional property of memory — its nonlinear movement that is not juxtaposed to the "clock time."[7] The paradigm that his memory subscribes to follows a cy-

---

[7] In his discussion of Proust's and Joyce's application of temporal dimension in their works Kenneth J. Gergen says that in these two authors "conscious experience is temporally inchoate ... they suggest, our consciousness of self over time is not correspondent with clock-time" (92). We find Gergen's conclusions helpful in our discussion of Rimanelli's approach to chronological time.

clical motion that enables him to travel back and forth in time, therefore it allows him to face his multilayered self from his childhood to his present self. This leaping motion from one time and space dimension into another he achieves by frequent flash-backs. They let him restore memories both those tied to real time and space and those imagined that throughout the years he appropriated as real. Moreover, flashbacks create a cinematic-quality imagery and contribute to the overall plasticity of the novel's narrative discourse.[8] These images, in addition to their visual effect, contain also strong sensory sensations from tactile to auditory. An illustrative example of them is the author's description of Casacalenda's winter nights:

> D'inverno, poi, sembra che la notte voglia soffocare la chiarità del giorno prima del tempo, a dispetto della matemacità delle ore, per riservarsi un dominio più lungo. E d'inverno anche i cani odiano il buio. Li senti uggiolare a lungo nelle campagne, nei portoni chiusi. A ventu'ora sprangono i portoni e i fienili e le sere sono brusche, coltelli che si chiudono. Arriva così il vento da noi, e ci tocca nel sangue." (34)

Other instances of the novel's sensory apparatus retrieved from Rimanelli's memory are, for example, the fragrance of Stella Gomero's perfume, his desire to touch his childhood play mate Manuela's breast, the photo of his mother at the age of fifteen in which she "sembrava fatta di nuvola" (93), his younger brother's breathing problem, his mother's suffering while she was giving birth to his siblings, and the list goes on. These recalls of child-

---

[8] In the Introduction to *La stanza grande* Martelli draws a comparison between Rimnanelli's description of the New Orleans massacre to the cinematic technique of American crime thrillers in the 50's, and says: "Come una macchina da presa, la scrittura si sposta continuamente dall'uno all'altro personaggio, zumando sul volto per cogliere lo sguardo, gli ammiccamenti; cinematografica è la descrizione della folla che assale la prigione, con i campi lunghi alternati alle zumate sui singoli o piccoli gruppi, in specie per le scene più cruente" (16.)

hood experiences surpass the simple cataloging of flash-backs. They belong to the gamut of emotional memory that pervades each image. The author's remembering of Stella's perfume, for example, is a fragment of her fossilized in his memory that circumscribes her complete persona. The flashbacks in *La stanza grande* emerge at unpredictable times in the course of the narration as if triggered by impulses of the author's sub-consciousness. Some of them express positive emotions, the others are overcomed by negative ones. Rimanelli's childhood memories are often painful but he chooses to depersonalize them in the following philosophical reference to emotional scars a child can endure: "Nell'infanzia ci sono dolori che forse non hanno senso, ma forti come il tuono dietro la finestra, come un martello che scatava di là del muro, e ti ricordi di essi soltanto quando sei grande, vergognandotene un poco" (59).

The narrator's crossing from his present to his past transports him through different times and spaces. His recall envelopes two parallel times-his personal and Casacalenda's. On one hand there is his family as his own existential locus, and on the other there is the social and cultural fabric of Casacalenda that conditions his family's life and history. Rimanelli's re-reading of his childhood comprises his present understanding of a small village mentality where nothing had changed for centuries, where the archaic was the norm, and people lived far removed from the greater society. Casacalenda was a place where women were branded either as prostitutes or the Virgin Mary, and men gathered in a bar to get drunk, play cards, and gossip. Everyone cared only about the code of "la bella figura" and how to preserve it. An example in the novel of this unwritten rule of conduct is the scandal that erupts after the accidental unveiling of Stella's affair with Cesare. Her indiscretion was preceded by a discovery of painted female nudes without a head in the painter's studio, alias in "la stanza grande." To shield "la bella figura" of his model, Stella, Cesare did not paint her head. Rimanelli's recollection of the suffocating atmosphere and cultural make up of Casacalenda reminds him of the reasons while he left only to return decades later.

This brings us to the notion of memory being inseparable from culture and history. Rimanelli's personal history is imbedded into the socio-historical landscape of Casacalenda, and cannot be retrieved one-sidedly as a childhood recall alone. In the novel he mentions Mussolini's rise to power, and his far reach into the most isolated places in Italy, Casacalenda being one of them. During Mussolini's era his father accepted membership into the Fascist party as did most of the men or were forced to do it. In his insightful essay "Mind, text, and society: Self-memory in social context" Gergen argues that "personal memory is essentially a form of social skill; one *performs* personal memory, as it were, as an effective participant in the culture" (101). We agree with Gergen's conclusion because Rimanelli's autobiographical recollections in *La stanza grande* are rooted in the retrograded culture he was exposed to as a child, rejected it as an adolescent, only to restore it in his present self-recreation. This perception of culture that simultaneously nurtures and tortures haunts our author throughout his entire narrative opus.

Rimanelli's reading of time in relationship to memory and self-identity in the novel is both revealing and intriguing. To understand self in the present through the fragile structure of memory and its susceptibility to contamination remains enigmatic and challenging not only to him but also to most authors engaged in the recovery of their own history. The fluid narrative of *La stanza grande* allows for the maximum movement of conscientious and subconscientious, for a transition from real historical time to the personal recreated and the imagined. When memory fails him Rimanelli resorts to the imagined without losing his primary goal of revisiting his childhood. The present experiences teach him that the popular saying "the devil is in the details" does not necessarily signify the wholesomeness of the autobiographical recall. What imagined time and space do is that they infuse the novel's narrative with imagery and emotions that together with the factual childhood experiences create the whole. In this novel, as well as in his other narrative and poetic works Rimanelli has a sharp ear to hear Time, both the present and the past. The failure to hear it would deprive him of history and of his past identity without which he could not complete his quest for self-identification in the present. Our narrator embraces this notion in *La stanza grande.*

In the Epilogue of the novel Rimanelli recalls his desire to leave Casacalenda, and says: "Dovevo partire anch'io. Sembrava che dovessi partire subito da un giorno all'altro...Partì nella prima settimana di ottobre" (187). He was accepted into a Jesuit seminary Vico Equense, located near Sorrento. He left his childhood behind but continues to revisit it in varied literary formats throughout his long and prolific literary career.

Works Cited and Consulted

Albright, Daniel. "Literary and Psychological Models of the Self." *The Remembering Self: Construction and Accuracy in the Self-narrative.* Cambridge: Cambridge UP, 1994.

Butler, Thomas. "Memory: A Mixed Blessing." *Memory: History, Culture and the Mind.* New York: Basil Blackwell, 1989.

Gergen, Kenneth J. "Mind, Text, and Society: Self-memory in Social Context." *The Remembering Self: Construction and Accuracy in the Self-narrative.* Cambridge: Cambridge UP, 1994.

Gusdorf, Georges. "Conditions and Limits of Autobiography." James Olney: *Autobiography: Essays Theoretical and Critical.* Princeton, N.J.: Princeton UP, 1980.

Martelli, Sebastano. "Notes." *La stanza grande.* Cava dei Tirreni: Avagliano Editore, 1996.

Neimeyer Greg J. and April E. Metzler. "Personal Identity and Autobiographical Recall." *The Remembering Self: Construction and Accuracy in the Self-narrative.* Cambridge: Cambridge UP, 1994.

Olney, James. "Jean-Jacques Rousseau and the Crisis of Narrative Memory." *Memory % Narrative: The Weave of Life-Writing.* Chicago & London: The U Chicago P, 1998.

Rimanelli, Giose. *Tiro al piccione.* Milan: Mondadori, 1953.

———. *Peccato originale.* Milan: Mondadori, 1954.

———. *Una posizione sociale.* Firenze: Vallecchi, 1959.

———. *La stanza grande.* Cava dei Tirreni: Avagliano Editore, 1996.

Reed, Edward S. "Perception is to Self as Memory is to Selves, *The Remembering Self: Construction and Accuracy in the Self-narrative.* Cambridge: Cambridge UP, 1994.

Ross, Michael & Conway, Michael. "Remembering One's Own Past: The Construction of Personal Histories." *Handbook of Motivation and Cognition: Foundation of Social Behavior.* New York: John Wiley & Sons, 1986.

Mas(que)culinities in Two Novels by Giose Rimanelli

Fred Gardaphe

JOHN D. CALANDRA ITALIAN AMERICAN INSTITUTE
QUEENS COLLEGE, CUNY

> Rise like lions after slumber
> In unvanquishable NUMBER!
> Shake your chains to earth, like dew
> Which in sleep had fall'n on you:
> YE ARE MANY-THEY ARE FEW.
>
> From "The Masque of Anarchy," XCI
> Percy Bysshe Shelley[1]

This essay explores how Giose Rimanelli uses masques of gender to undermine the power of the traditional male by turning traditional masculine strengths into weaknesses. A scholar as well as an artist, Rimanelli's familiarity with the old tradition of the Masque — which was performed to flatter nobility — along with the critical power of irony, enables him to use both to great effect to criticize traditional performances of masculinity through his novels *Benedetta in Guysterland* (1994) and *The Three-legged One* (2009).

In my "Introduction" to *Benedetta*, and later in discussions of that novel in my own books, *Italian Signs, American Streets* and *From Wiseguys to Wise Men*, I offered *Benedetta* as a pivotal work in the development of Italian-American narrative literature. I focused on the place of parody in the growth and increased sophistication of cultural narrative, and I suggested that *Benedetta* was a missing link

---

[1] www.readbookonline.net/readOnLine/13321/. Originally published, London: E. Maxon, 1832.

between modernism and postmodernism, a key moment in the development of a postmodern sense of Italian-American literature.

In 1992, when I first considered Rimanelli's novel, I thought that I had said all that I could on this complex and sometimes controversial work. However, over the past twenty years, I have had a number of occasions to teach the novel, and each time I have learned something new about it through re-readings and student commentaries. Like many good works of art, *Benedetta* improves with age and continues to offer new readings and elicit new interpretations. I now see the novel as a pivotal work in the evolution of the cultural notions of masculinity, something I did not see as clearly in the early 1990s. Rimanelli, in the way of all great parodists and satirists, uses an exemplary understanding of the works he plays with to move readers' thinking beyond earlier borders between Italian and Anglo-American cultures, pushing them truly into a new territory called Italian Americana. In these two novels (*Benedetta in Guysterland* and *The Three-legged One*), he achieves an equally compelling border crossing as he moves from traditional to new notions of masculinity in Italian American culture.

In his study of Italian manhood, *Modi Bruschi* 'Rough Manners' (2000), Franco La Cecla provides us with a basic understanding of traditional Italian masculinity: "One becomes a man only by strenuously working to escape maternal influence. Adolescent males face an extremely difficult and painful passage. They must erase from their bodies the 'effeminate' influence of their mothers and the other women of their community, replacing them with 'rough manners'."[2] The rough play of boyhood gives way to the tough work of manhood. La Cecla, through a Freudian lens, theorizes that since the state of grace is perceived as feminine, the young man must find a way to be, in a sense, "disgraced"; this

[2] Franco La Cecla, *Modi Bruschi: Antropologia del maschio* (Milano: Bruno Mondadori, 2000) 39.

state of disgrace, according to La Cecla, must be achieved along-
side of and in front of other men. In brief, masculinity is a public
performance, and until a young boy displays his manhood through
disgrace, he is considered to be a boy. La Cecla goes on to say that
this form of masculinity manifests itself in the Macho pose, the
origins of machismo can be found in Mexican culture. Chicana
scholar and writer Ana Castillo tells us, "The word macho means
to be male or masculine. Machismo then is that which is related to
the male or to masculinity. Machismo, as associated with Mexican
culture for the social scientist, is the demonstration of physical
and sexual powers and is basic to self-respect." [3]

As we know through Freudian thought, in almost all cases the
rough boys must separate themselves from the world of women in
order to achieve the label of man, and yet once they enter this
world of men, they seldom develop skills that would move them
beyond settling solely for simple survival in a material world. This
limited development manifests itself in the growing distance between men and their feelings simply because sensitivity to others'
needs challenges the logic that built patriarchal power in the world.
To protect males from the "contamination" of feelings, society fos-
ters the separation between what is male and what is female.

La Cecla helps us to see this need for separation when he
speaks of masculinity in Sicily during his youth:

> Masculinity at that time and in that place...expressed itself as a
> strange combination of boldness and isolation.... One became a
> male "jerkily," reacting to and never escaping the physical em-
> barrassment of adolescence. A real male is a bit awkward, rough,
> tough with his body. If he remains graceful—Peter Pan, who
> could fly—or rounded in his movements, then he would remain

---

[3] Ana Castillo, *Massacre of the Dreamers* (New York: Penguin, 1995) 66.

in sweet childhood, dream in his mother's lap. He must lose that "grace"; he must become "graceless," "disgraceful."[4]

One of the ways this state of "disgrace" can be achieved involves a man's position regarding physical and psychological violence.

Competing images of Italian American manhood have surfaced in reaction to women's, gay, and men's liberation movements which have increasingly challenged male monopolies on economic opportunity by calling on men to become more domestically engaged, urging them to become more sensitive and emotionally expressive, and by suggesting that breadwinning and heterosexuality does not define all the possibilities for male identity. Recent studies have shown that performances of Italian masculinity are changing. What has been called the first empirical study of Italian masculinity was conducted by David Tager and Glenn E. Good of the University of Missouri–Columbia. Entitled "Italian and American Masculinities: A Comparison of Masculine Gender Role Norms in University Students," the study's "findings cast doubt on the accuracy of prevalent American stereotypes of Italian men as patriarchal, macho, violent, and domineering, the type of Mafioso image presented in *The Sopranos* and *The Godfather*," and young Italian men feel less threatened by the Gay Lesbian Bisexual and Transgender communities (70).[5]

In spite of the changes in Italian masculinity, many Italian American men continue to evidence traditional European patriarchy, and this is often perceived as the "natural" order of human life, something passed on from generation to generation within a society based on patriarchal power relations. The result is that young men rarely challenge this system simply because they can't

---

[4] *Modi Bruschi*, 41.
[5] David Tager and Glenn E. Good, "Italian and American Masculinities: A Comparison of Masculine Gender Role Norms." *Psychology of Men and Masculinity* 6.4. (2005): 264-274.

see it, something brought out by Josep M. Armengol in "Gendering Men: Re-Visions of Violence as a Test Of Manhood in American Literature":[6]

> Very often, men do indeed appear to remain unaware of their gender, probably because the mechanisms that make us privileged beings tend to remain invisible to us. Nevertheless, the traditional conception of masculinity as the 'invisible' norm only helps perpetuate social and gender inequalities. After all, invisibility is the very precondition for the perpetuation of male dominance, since one cannot question what remains hidden from view (Easthope 1986; Robinson 2000).[7]

When all you can see in major media are stereotypical representations of system- approved versions of masculinity, it's no wonder that young men grow up to defend and maintain the hegemonic system of power. What's needed for things to change is exposure to alternative ways of performing masculinity. In the space that remains I bring your attention to some alternatives presented in Rimanelli's writings.

One of the ways traditional models of masculinity is deconstructed through fiction is by exposing the prison that socially acceptable ideals of masculinity create around the very people who seem to benefit most by the power dynamics they create. Work by gay writers reveals this prison. As long as the gay community is ignored, heterosexuality and its discontents remain in the forefront of social consciousness. Much energy is expended at keeping the gay community out of public discourse and social consciousness. Pierre Bourdieu points this out when he writes:

---

[6] Josep M. Armengol, "Gendering Men: Re-Visions of Violence as a Test of Manhood in American Literature." *Atlantis* 29.2 (Diciembre 2007): 75-92.
[7] Armengol, 76.

The particular form of symbolic domination suffered by homo-
sexuals, who are marked by a stigma which, unlike skin colour
or female gender, can be concealed (or flaunted), is imposed
through collective acts of categorization which set up significant
negatively marked differences, and so create groups — stigmatized
social categories. As in some kinds of racism, this symbolic domination takes the form of a denial of public, visible existence.
Oppression in the form of 'individualization' comes through a
refusal of legitimate, public existence.[8]

Until Rimanelli's fiction, the gangster as homosexual was not
legitimized in either art or science. By queering the gangster, he
challenges the narrow definitions of masculinity defined by earlier
gangster figures. Rimanelli uses the gangster's sexuality in *Benedetta* to draw attention to the absurdity of having the gangster
represent an ethnicized version of the iconic John Wayne man.
Through this he leads the way toward portraying a more compli-
cated Italian-American masculinity that reflects a greater range of
possible performances of masculinity.

I.

In *Benedetta*, Rimanelli goes back to the founding of the
guyster group in Gela, Sicily. Rimanelli replaces the word "gangster" with "guyster" — a gangster with a twist. In an earlier draft of
the novel, he used the word "gayster." Playing on the name of the
gangster's hometown, Rimanelli makes Santo Tristano a *gelataro*,
or ice cream vendor, and the men who follow him are referred to
as the Gelatari. Tristano leaves Gela and goes to Palermiu, the Si-
cilian dialect form of Palermo, the island's largest city. There he
joins a group called Lavanda ("the washers"). The work of *la-*

---

[8] Pierre Bourdieu, *Masculine Domination*, (Stanford, CA: Stanford University
Press, 1998) 118-119.

vanda, washing clothes, is traditionally associated with women. However, in the novel, the Lavanda are musicians. The word also contains the resonance of cleansing—*lavare* is "to wash, to cleanse," and so there is a sense that Rimanelli is cleaning up the gangster's image through his playful fiction. When the Lavanda come to the United States, they are referred to as "lavenders": "It was not uncommon in those days for Italian lavenders to be working in organizations controlled by other ethnics."[9]

With a single play on the word "Lavanda," Rimanelli colors these gangsters with a hue that is often associated with homosexuality. He then extends the gender play by connecting the group with an industry dominated by females and one that has a strong association with gay men: "The 'Lavanda,' now a code name for Italian musical cosmetologists, was not yet the homogeneous syndicate it would become. There were such figures as Arnold Rothmayer in New York, Charles 'Queen' Sissimon in Boston, and Frank Motherson, also in New York, the latter working closely with Frank Corbello, who was one of the first Italo-American guysters to make a fortune in kissing people during Prohibitionism" (44). Rimanelli's discussion moves deeper into the sexual realm as he substitutes "kissing" for "killing." Through this substitution Rimanelli brilliantly throws the notion of the gangster's masculinity into question. But more than challenging the traditional macho portrayals of gangsters by queering them, Rimanelli also criticizes traditional notions of masculinity that have established a strong connection between men and violence.

Supposedly incapable of sensitivity, men who are really desensitized through generations of cultural conditioning that has validated the use of violence to uphold honor are also told that having strong feelings and expressing them is a feminine trait. Continued denial of feelings can lead to an absence of feeling alto-

---

[8] Giose Rimanelli. *Benedetta in Guysterland: A Liquid Novel* (Toronto: Guernica) 44.

gether. Thus, the perpetration of violence is not difficult when one cannot feel for others, and so many men find themselves able to do harm that more sensitive people could not. It is my contention that this violence, which sometimes requires men to come physically closer to another man than traditional notions of masculinity allow, is a result of the failure of men to find alternative ways of achieving intimacy with each other. I am not talking here about sexual intimacy, although that might enter the discussion at some point. Killing is a perverse form of intimacy, and its violence has become a way for men to deal with various inadequacies, not the least of which is the inability to deal with the feelings they do have. To achieve intimacy, then, some men might resort to murder. By substituting the word "kissing" for "killing," Rimanelli suggests this idea and sexualizes the gangster's act of "wasting" someone.

When Benedetta asks Zip the Thunder about murder and its place in the land of guysters, Zip explains the philosophic underpinnings that justify traditional macho-based masculinity:

> "You mean kissing, don't you child Benedetta?"
> "The kiss of death, yes. Murder, yes."
> "The entire economy of the world is based on murder," Zip said.
> "Take the war between two bands. How efficient is war! Power proves who is right. If I bleed on this earth, it is mine. Then, when battles are won, peace will walk the land in white splendor, clear calm, in the silence of grass giving no echo back, and we'll... Oh, let peace come up like thunder..." (64-65)

This explanation rationalizes the violence that is common in macho-based notions of masculinity; the characters' act of kissing other guysters heightens the absurdity of this explanation.

The masculinity of Rimanelli's gangsters is also attacked through their own activities. They all play instruments and belong to bands that perform strange, unmanly acts in nightclubs. In Chicago, there is Scorpione's (read Al Capone's) organization, which makes millions from "recordings," appearances in "transvestite shows," and selling "narco-cosmetics and tailored suits" (45). In New York, the top Lavanda figure is "a short, squat, old-style Southern Italian violinist with a moustache named Joe Crepadio [translated as: Joe May-God-Die — read Joe "The Boss" Masseria, an early mob leader] who was known as Dio the Boss [God the Boss]" (45). One of the clubs in which the New York band performs is La Gaia Scienza, "The Gay Science," the title of the famous Nietzsche book that contains the notion that "God is dead."

When Rimanelli separates the guysters into two groups, the Gaia Societa guysters led by Santo Tristano, and the Normale Societa guysters led by Joe Adonis, he focuses on the key aspect of masculinity of which that the guyster/gangster must constantly be observant: sexual orientation. With the gay/normal straight split, Ri-manelli undermines traditional notions of power connected to ma-sculinity and heightens the irony of his novel.

Another way Rimanelli defuses the gangster figure's traditional hypermasculinity is by demeaning, as he desexualizes, the names of real-life gangsters. Rimanelli renames many historical gangsters, but he keeps the name Joe Adonis (the name that gangster Giuseppe Antonio Doto adopted) as it is, because it is a perfect referent to the inherent narcissism of a macho-based masculinity. Rimanelli then gives us Lucky Lu Cane or "Lucky the Dog" (i.e., Lucky Luciano), Vito Failaspesa or "Vito the Shopper" (Vito Genovese), Princess Anastasia (Albert Anastasia), and Frank Corbello or "Frank the Blockhead" (Frank Costello). The narrator of *Benedetta* even refers to Zip the Thunder as being "godmother" to Joe Adonis. In Scorsese's *Goodfellas*, gangsters constantly challenge each other's masculinity, and Rimanelli parodies this when he writes, "'Joe is worse than anyone I know, for sure,' said Pimple Boy. 'He called me an impotent trombonist once, and I hated him, oh if I hated him... I'll kiss him if he ever shows up again in this territory'" (58). In this parody, Rimanelli heightens the absurdity of traditional macho behavior. At the heart of Rimanelli's gangster is the penis. Macho men are often accused of thinking with their penises, especially when it comes to issues of love, as we see in a scene in which Santo Zip has sex with underage girls: "As soon as we were left alone, they opened my trousers and took out my heart. They burst out with admiring exclamations about its thickness and its length, the younger one kissed it, and they began to revive it with their fingers" (60).

Macho men also see fighting as a way of life. For years it was common and expected for men to fight as a way of proving their masculinity and defending their reputation. One of the things I do when I teach this novel is ask for a show of hands of the males in my class who have had a public fight. This informal annual polling has revealed a steady decline in the number of young men who have had this experience. In my youth, had such a question been asked in class, most likely all the men would have raised their hands, not just because it was more common to have fights but also because those who hadn't fought would not want to admit it in public. As the character "Fish" explains in *Benedetta*, fighting is something that's a natural part of being a guyster:

> "When I began having my first street fights with a guy two and a half years ago," the Fish said, "I had never thought much about things like 'Mom' and 'Pop,' 'Sins' and 'Sons.' Playing with a guy was something I 'had' to do. I didn't have much choice in the matter. I didn't think about the whole thing and come to a decision. I was driven by needs which I didn't, and to a large extent still don't, understand. All I was aware of was that my needs for physical combat with a guy were both absolutely necessary to my life and contrary to 'everything' I had ever been taught. And that's just my experience." (64)

One of the pitfalls of a guyster is that he is unable to love; this should come as no surprise since if one cannot feel emotionally, one cannot be expected to have feelings for another. This is a guyster fault that Joe Adonis explains:

> "Truly, my precious Benedetta, the world does not know its real interests. I shall admit if you want me to, that virtue, just like anything beautiful and sublime, is only an embrace. But if this illusion were a common thing, if all guys believed and wanted to be virtuous, if they were compassionate, charitable, generous, magnanimous, in a word, if everyone were sensitive, wouldn't we be happier? Wouldn't every individual find a thousand resources in society? Shouldn't these resources be applied, as much as possible, to the realization of our embraces, since man's happiness cannot consist in a real thing?" (77)

Rimanelli's guysters are quite immature, and by representing *mafiosi* as boys who never grow up, he pierces the mystique of the gangster as romantically created by Puzo and realistically documented by Talese to reveal that the Mafia and its *mafiosi* are social and historical constructions, anything but natural. Once this is understood, the same can be said about traditional notions of masculinity. This realization comes to Joe Adonis and leads him to found his own group, Normale Societa. Adonis explains to Benedetta: "I found that Lavanda acts as the cause for the degeneration of the formerly confident and opinionated young guy."[13] There is no room for individuality in the guyster/gangster world, just as there is no room for deviance from the norms of traditional masculinity in the world of macho men.

For the norms to be challenged, the world needs a man who sees things differently and acts accordingly. This is Joe Adonis, as Rimanelli renders him through the words of Zip the Thunder:

> "He was a guy, then he changed, became a doctor, started organizing his own band. He believes that sexual orientation can be determined with ninety percent accuracy through chemical analy-

> sis. He believes that guyness is determined before birth under
> the influence of society that governs gender. He believes that his
> results should reduce the stigma attached to guyness and point
> the way to a possible cure." (92)

Rimanelli's obvious application of the change of thinking about
human sexual orientation that occurred in the 1970s to the notion
of the guyster/gangster confuses the issue of historical construction of the gangster. Joe's theory of guyster identity was the reason Zip sent him into exile and thus away from his lover, Benedetta. As Zip concludes, "In order to maintain our reality as guys,
gender identification seems to me to be the goal for all of us." The
gangster needs to identify not just with the masculine, but with a
macho-based masculinity that enables him to continue behavior
that benefits a patriarchal culture and the fraternally organized
support system of that culture.

Rimanelli uses the character Joe Adonis to challenge the traditional notions of guysterhood/gangsterhood. In essence, Joe Adonis begins to make the move from wiseguy to wise man. When
this happens, he is characterized by the narrator as follows:

> Then suddenly he walked into this mush of unawareness, Joe
> Adonis, with his physicians of the Bronx; the "Normale Societa"
> to take care of the "Gaia Societa." And he immediately knew
> with clarity that it was all a pile of atrocious obscenity.
>
> A guy in every sense, full, complete, strong with roots and
> wings, a sense of humor, always there, clarity of vision, of per-
> ception, perspicacity—always there. He entered over this world
> of stagnant pools of trapped women and guysters pretending to
> be otherwise like moonlight and starlight to frighten owls and
> mortal eyes. And a purge came. (183)

This purge is referred to as "stage one of the recovery" (183) and
is characterized by a purely sexual affair that Joe has with Bene-

detta's female friend Crystal Baby; it is only after this affair that he and Benedetta are able to exchange a pure and honest love. This change is foreshadowed earlier in the novel when we learn about Benedetta's origins.

When Joe Adonis tells Benedetta that she must avenge herself on Grendel—a sea monster that "tried to destroy me and bit off my fisher-lover's leg" (81), Rimanelli draws upon one of the earliest myths recorded in English literature and invites commentary on masculinity, especially when one considers the construction of masculinity in *Beowulf*. [10] In the legend, Grendel, a sea monster, kills men. When he in turn is killed, his mother comes in search of revenge. This mother-monster, who also devours men, must be killed. Thus, in one of the founding myths of Anglo culture, men gain identity and project their masculinity by killing a mother figure. This "matricide" is the foundation for what Christina Wieland calls "the unprecedented destructiveness unleashed on the planet and on fellow human beings by the West." [11]

Wieland, in *Undead Mother: Psychoanalytic Explorations of Masculinity, Femininity and Matricide*, argues that "the boy's dis-identification and separation from mother is not a smooth and easy process but a violent affair that resembles matricide" (10). She sees this as the core of Western society's psychic structure of masculinity and as responsible for the perpetuation of a culture that sanctions male violence. The way out of this mess is for men to acknowledge their mothers and mourn the loss incurred by their separation from them. Rimanelli's gangsters reflect their upbringing in the way they usually treat the women they encounter. Rimanelli's female characters, notably Benedetta and Crystal Baby, represent the liberated woman of the 1970s, and as such come off as quite aggressive counterparts to Rimanelli's gangster fig-

---

[10] See Mary Docray-Miller," Tears of Fatherhood," in her *Motherhood and Mothering in Anglo-Saxon England* (New York: St. Martins, 2000).
[11] Christina Wieland, *Undead Mother* (London: Karnac Books, 2002) 14.

ures; but as Wieland suggests in regard to what she sees as a Western phenomenon, "This 'emancipation' of woman in Western culture, then, should not obscure the fact that it is the 'masculine' psyche—based on the murder of the mother—which prevails in both men and women, and which is manifested in the strong anti-life trend in Western culture" (12). This is something we can examine in greater detail through the male masques that Rimanelli creates in a later novel.

II

The Three-legged One is the result of Rimanelli's more than twenty-five years of living in the American academe and his intense study of the psychological work of Carl Jung. So much of the novel is couched in Jungian symbolism that we can't help but see how his characters reflect Jung's archetypes. This psychological element enables the novel to reach beyond autobiography and into the lives of everyone who has ever gone to college.

Rimanelli structures the novel into two halves; a male point-of-view in Part One comes to us through Simon Dona, an Italian immigrant professor, who becomes a masque of traditional masculinity, and a female point-of-view in Part Two, through his young, American born second wife, Vera who becomes a masque of feminism. There is a third voice at work throughout both halves, that of R. Carmen Cara, Professor of Administrative Law at the University of Anaconda, who claims to have put this book together from Simon's and Vera's diaries, given to Cara by Simon himself. The only additions, he explains, come in the form of footnotes and commentaries. Through this academic convention Rimanelli explains the Masque against traditional notions of masculinity that his characters dramatize. Through the interaction of story and Cara's glossing, Rimanelli challenges the reader to think of gender in new and controversial ways. For the purposes of this talk, I will restrict my commentary to one of Cara's many notes, as I see it as the key to interpreting the actions recounted in the characters' diaries.

The novel becomes a study of the interaction of those scholars whose lives intertwine in the academe making for a richly symbolic story of parodic incest that waxes and wanes on the battleground of male-female sexuality and intellectuality. Each character lives in a self-created labyrinth constructed by social and economic opportunities accepted and denied. In Simon Dona's case, the maze is the American academe as described from the male point-of-view, in Vera's case, it is the same labyrinth viewed through the female perspective. Without Cara's gloss throughout, we might see this novel simply as the story of the ups and downs of modern love. However, it is in the notes that we can see the novel for what it really is, a Jungian-based critique of contemporary masculinity that extends Rimanelli's earlier thinking in *Benedetta*. This can be explained easily by focusing the remainder of my discussion on a single footnote in the novel, one that I believe is the key to understanding first, the novel's title, and second, the novel's true story.

There is an archetype in *The Three Legged One* that echoes Hermes, an archetype I devised for the gangster figure explored in my earlier book, *From Wiseguys to Wise Men*. In the *Three Legged One* the Hermes of *Benedetta* becomes Jung's Wodhanaz, or the Wild Huntsman. Jung described Wodhanaz in a brief essay he wrote in 1936, just before the outbreak of World War II. Wodhanaz is "the Beserker, the God of Storm, the Wanderer, the Warrior, the Lord of the Dead, the Master of Secret Knowledge, the Magician, and God of the Poets."[12]

In his autobiography, *Memories, dreams, reflections*, Jung recounted a dream he had the night before his mother's death that

---

[12] http:// www.skandanava.org/jung.html.

41

provided him with an understanding of the psychic importance of the Huntsman as archetype:

> The night before her death I had a frightening dream. I was in a dense, gloomy forest; fantastic, gigantic boulders lay about among huge jungle-like trees. It was a heroic, primeval land-scape. Suddenly I heard a piercing whistle that seemed to re-sound through the whole universe. My knees shook. Then there were crashings in the undergrowth, and a gigantic wolfhound with a fearful, gaping maw burst forth. At the sight of it, the blood froze in my veins. It tore past me, and I suddenly knew: the Wild Huntsman had commanded it to carry away a human soul. I awoke in deadly terror, and the next morning I received the news of my mother's passing.
>
> Seldom has a dream so shaken me, for upon superficial con-sideration it seemed to say that the devil had fetched her. But to be accurate the dream said that it was the Wild Huntsman, the 'Grunhutl', or Wearer of the Green Hat, who hunted with his wolves that night. It was Wotan, the god of my Alemannic fore-fathers, who had gathered my mother to her ancestors.
>
> It was the Christian missionaries who made Wotan into a devil. In himself he is an important god - a Mercury or Hermes, as the Romans correctly realised, a nature spirit who returned to life again in the Grail legend. Thus the dream says that the soul of my mother was taken into that greater territory of the self which lies beyond the segment of Christian morality, taken into that wholeness of nature and spirit in which conflicts and con-tradictions are resolved.
>
> I went home immediately, and while I rode in the night train I had a feeling of great grief, but in my heart of hearts I could not be mournful, and this for a strange reason: during the entire journey I continually heard dance music, laughter, and jollity, as though a wedding were being celebrated.
>
> This paradox can be explained if we suppose that at one moment death was being represented from the point of view of the ego, and at the next from that of the psyche (soul). In the first

case it appeared as a catastrophe; that is how it so often strikes
us, as if wicked and pitiless powers had put an end to a human
life ... from another point of view, however, death appears as a
joyful event. In the light of eternity, it is a wedding, a "mysteri-
um coniunctionis". The soul attains, as it were, its missing half, it
achieves wholeness.[13]

Cara inserts a long note that comes in Vera's account of her
husband's request for a ménage a trois with another woman.
When Vera suggests it be a foursome with the other woman's male
lover, Simon rejects her, leading her to wonder why. In this note,
the Jungian basis of Rimanelli's criticism of masculinity unfolds:

The archetype of the spirit is always expressed in the form of an
animal. The function of knowledge and of intuition is repre-
sented by a saddle horse. This indicated that even the spirit can
be possessed. The Three-legged White Horse is the property of
the diabolic Huntsman, whereas the four-legged horse is at first
the property of the Witch, of a *mater natura* who prefigures the
primitive "matriarchal," so to speak, state of the unconscious,
wherefore it alludes to a psychic constitution in which the unconscious is faced only by a weak, non-independent consciousness. The Four-legged White Horse demonstrates his superiority to the three-legged horse because it can command the other.
    Since *quarternity* is a symbol of totality and totality plays an
important role in the world of images of the unconscious, the
victory of the quadruped being over the tripod being is not
surprising, Jung recalls that the alchemists called this problem
the *Axiom of Mary*.[14]

Jung thus poses the 4 of maternal quarternity against the 3 of the
paternal trinity, suggesting not that in many respects it spiritually

---

[13] Ibid.
[14] Giose Rimanelli, *The Three-legged One: Aa Glossed Novel* (New York: Bordighera
Press, 2009) 145.

trumps its counterpart, which it can do, but that the 3 figures an unconscious masculinity in women, just as the 4 is the unconscious femininity in men. Jung suggests that if you take quarternity as a square, and you divide it in half diagonally, the result is two triads, meaning that quarternity represents wholeness and the trinity, incompleteness. Thus, through the masques of Simon and Vera, Rimanelli craftily presents a play of the sexes that, with Cara's gloss, becomes a critique of masculinity as it has been traditionally fashioned and performed.

Characters in the novel are all obsessed with studying, philosophizing and achieving sexual fantasies, and intellectual superiority at the expense of dealing with, the less desirable, but more stable reality of lasting relationships. The novel is wrought with irony and satire of academic introspection and subsequent self realization. Dona understands the split between public and private life; however as one who lives in a glass house, he knows he can be observed just as the caged animals he studies; the important thing is that Dona can verbalize this: "On the outside we are social saints, and inside our own glass house we are monsters, prisoners of perverted habits, voluntary suicides for the lack of sincerity with ourselves" (28).

Dona reminds us that we all inhabit glass houses and though we may intend for our lives to be open and revealing, we are all victims of the clash between our needs and our desires, a battle between our psyches and our libidos. The results of these interactions are the clouds of doubt and self-deceit that clothe our personalities and tint our relationships.

III

If *Benedetta in Guysterland*, was Rimanelli's American primer in masculinity studies, then *The Three-legged One: Aa Gglossed Nnovel* is his graduate thesis, proving that he has not only mastered the

English language, but that he's conquered the cultural obstacles that most uneducated immigrants never get the chance to encounter. As an American academic with international impact, Rimanelli gives us a glimpse into the world of screwed up male scholars, an insight that might just save us from becoming like them. Through his work in both of these novels, he asks us to unveil ourselves of outdated gender masques, and begin thinking of new and better ways of functioning as humans without the troubling, traditional masques of gender.

Con gli occhi chiusi:
Lo stato ipnagogico in due romanzi di Giose Rimanelli

Sabrina Infante

> *"Io sono quello ch'è fuggito come*
> *folaga in autunno, cercando solo*
> *di scampare dal questo e quello: nome*
> *e cognome, anni, la morte, il consólo."*
> —Giose Rimanelli (1998)

Nei due romanzi *La stanza grande* e *Il viaggio*, l'atto di chiudere gli occhi ricorre come strategia tecnica della narrazione per entrambi i protagonisti, il giovane Massimo Niro e l'anziano G.G. Ri. La frequenza dell'atto sollecita un'indagine sui paralleli tra lo stato ipnagogico di G.G. e lo stato di dormiveglia di Massimo. L'analisi proposta mette al centro dell'interpretazione il desiderio di fuga e sconfinatezza, spesso associato all'autore e i suoi scritti. Esaminando gli esempi degli occhi chiusi, il lettore avveduto nota che questa tendenza onirica dei protagonisti è una delle tante manifestazioni del tema della fuga che appare nelle opere di Giose Rimanelli.

Il gesto, provocato dal sonno, dalla paura, dalla ricerca interiore, o dal bisogno di rivisitare il proprio passato, è una tecnica essenziale per i protagonisti e anche per lo scrittore. La narrazione nello stato ipnagogico permette allo scrittore di trascendere i limiti di tempo e spazio della narrazione tradizionale, mentre i suoi personaggi ci trovano una via di fuga psico-fisica, emotiva e intellettuale da momenti e circostanze di disagio.

Rimanelli istaura legami diretti tra i suoi narratori in varie opere ma non così esplicitamente come in questi due romanzi. Lo scrittore stabilisce palesemente la congruenza tra i personaggi di G. G. Ri e Massimo Niro quando G. G. dichiara in un monologo interiore che Massimo Niro è lo stesso narratore da piccolo: "La storia della mia famiglia e di quando ero ragazzo è stata raccontata da un altro, sia pure in prima persona singolare, in un libro del secolo passato, *La stanza grande*" (60). I narratori si trovano in momenti opposti delle loro vite, Massimo è all'inizio del suo percorso di consapevolezza mentre G.G. è in una fase decisamente più matura della sua, ma le motivazioni per chiudere gli occhi sono simili. Entrambi usano questo espediente per fuggire dalle limitazioni delle loro circostanze immediate, immaginarsi altrove, attivare la memoria, e riflettere sul passato.

Nel Prologo di *Il viaggio* Rimanelli scrive: "Lo stato ipnagogico ricorre quando si entra in quella zona di confine tra veglia e il sonno, due condizioni che avvicinandosi, forse si escludono a vicenda lasciandoci in una zona neutrale, un *mare nostrum* di angosciose incertezze, tra vita e morte...". La descrizione più emotiva che scientifica rileva la funzione che ha per il narratore nel testo. Il contatto discontinuo con la realtà, che distingue lo stato di dormiveglia dal sogno puro, rende oscuro il passaggio dalla narrazione dei fatti alla fantasia del protagonista, e crea una possibile combinazione dei modi di essere.

I protagonisti entrano in uno stato di semi-sonno o di viaggio mentale che li trasporta da un piano di coscienza a un altro, da un luogo a un altro, e da un episodio temporale a un altro. Chiudere gli occhi intensifica la concentrazione, suscita ricordi, porta indietro con la memoria, in uno spazio immaginario, e trasforma la realtà davanti a sé. Agevola una narrazione più fluida tra il presente e il passato e annebbia la soglia tra realtà e fantasia. Il fine dello scrittore nell'adoperare questo stile narratologico sembra di mescolare elementi incongrui e, ultimamente, creare un universo dove le diversità, le contraddizioni, e le varie versioni di noi stessi, possono coesistere.

Per la sua natura di manifestare il subconscio, questo stato psichico apre un'indagine più profonda, una vera ricerca sulla propria identità; è una posizione di distanza materiale ma allo stesso tempo di vicinanza affettiva che, nel caso dei protagonisti, serve come strumento per capire cose altrimenti incomprensibili. Paradossalmente, chiudere gli occhi dà ai protagonisti una visione più ampia, proprio per la posizione interstiziale che crea. L'effetto è una doppia prospettiva: una soggettiva del partecipante e simultaneamente un'altra oggettiva dell'osservatore. Luigi Fontanella suggerisce che, "la marginalità, lo stare a margine offre qualche privilegio non indifferente: permette all'emarginato una strategia comportamentale grazie alla quale egli può guardare al centro senza essere visto né criticato" (124). È uno spazio liminale molto potente che offre scelte di movimento, pensiero, riflessione e comunicazione altrimenti impossibili. Lo stato ipnagogico serve da strategia intellettuale e artistica e corrisponde al bisogno dello scrittore di riflettere con l'intelletto e raccontare con la creatività artistica senza aderire ad alcun limite.

L'arco del tempo attuale dei narratori è un giorno solo, e tutti gli episodi raccontati prendono spunto dai pensieri che gli passano per la mente. Il periodo dei loro spostamenti nel dormiveglia, però, è molto più ampio. Le voci narranti che entrano ed escono dai ricordi e dai sogni creano una cornice vasta, particolarmente in *Il viaggio* dove i cammini ipnagogici di G.G. coprono diversi continenti e secoli. In entrambe le opere, il protagonista erra nel tempo e nello spazio secondo il flusso della coscienza, seguendo la personalissima logica interna del percorso emotivo di ciascun protagonista, e non le regole schematiche di una logica lineare o un filo narrativo coesivo.[1]

---

[1] Bisogna notare l'anacronismo anche nel sottotitolo di una stesura precedente del manoscritto: *il romanzo del Molise dal 2000 al 1000*. Vedi Rimanelli (2004: 491-516).

In *La stanza grande*, l'atto di chiudere gli occhi è spesso un modo per passare da un ricordo a un altro. Frequentemente, Massimo si sveglia dai flashback in un posto diverso, per poi ricominciare a raccontare da un momento diverso. Di conseguenza, il lettore non riesce a percepire quanto tempo è realmente passato. Così capita quando Massimo vede i nudi del pittore Cesare e riconosce il corpo di Stella. Descrive la sua reazione: "provai freddo, una sensazione di colpa. Ma durò l'attimo che s'impegna a chiudere gli occhi e riaprirli. Riaprendoli mi trovai davanti alla porta del nonno" (120). La reazione di Massimo fa venire in mente quello svenimento di Dante nell'*Inferno* dopo una forte reazione a un incontro con un peccatore.

Chiudere gli occhi è la tecnica che meglio permette "le seguenze anacroniche" de "l'antinarrativa", come direbbero Gerard Genette e Seymour Chatman.[2] La sovrapposizione di tempo vero e immaginato è uno dei giochi creativi che Rimanelli fa, e ne commenta Romana Capek-Habekovic nel saggio su *Benedetta in Guysterland*:

> Rimanelli's discontinuous narration of reversed chronology and space is part of the game he is playing. He teases and tests his public's tolerance for contradiction and its willingness to follow him on his never-ending journey through self-analysis. He rejects chronological and spatial boundaries because the liquid state of his inner being floats from the present to the past and vice-versa [...]. (208)

---

[2] In *Storia e discorso*, Chatman riferisce alle idee di Genette sulle relazioni fra il tempo della storia e quello del discorso, nella sezione sull'ordine, durata e frequenza, e specificamente "le sequenze anacroniche", che non permettono nessun rapporto crono-logico, neanche inverso (63-5). Chatman usa anche il termine "*antinarrative*" per le narrative che "call into question narrative logic, there might be key omissions, confusing sequences or lack of sequence, things that remain unstated, or unexplained" (57).

Qui la studiosa nota a proposito della prosa di Rimanelli ciò che altri hanno già analizzato a proposito della sua poesia: libertà di movimento e di pensiero è un obiettivo creativo e personale dell'autore che si manifesta nello stile e nella struttura dei suoi testi.

L'intrinseca mobilità della scrittura rimanelliana è una delle sue caratteristiche più importanti. La fluidità della narrazione nello stato ipnagogico lo rende uno strumento ideale per entrambi i protagonisti che vogliono avere la possibilità di crescere e di cambiare e di fare un percorso di auto-consapevolezza, riservando sempre il diritto di tornare. Dietro tutti i viaggi e sogni nello stato di dormiveglia di Massimo e lo stato ipnagogico di G.G., viaggiatore perenne, c'è la necessità di capire il motore dell'umanità. Questo è ciò che Peter Carravetta descrive "l'ontologia antropologica fondamentale dell'uomo" (1995: 231); una ricerca delle fonti di tutta l'umanità per capire chi siamo, come siamo e perché siamo.

I flashback di Massimo rendono dinamica la ritessitura del mondo della sua gioventù, i personaggi ed episodi del suo passato. Gli salgono in mente ricordi che s'imperniano intorno alla notte in cui sua madre doveva partorire e il giovane narratore andava in giro a cercare aiuto. La narrazione raggiunge il suo apice nel momento in cui Massimo rivede gli stessi episodi già raccontati, ora messi insieme per notare le coincidenze, le sovrapposizioni, e le giustificazioni. Attraverso il rivisitare e il raccontare i vari episodi, si accende una lampadina: "un'idea si sovrappose a un'altra... Ricordai una serie di circostanze che soltanto adesso acquistavano valore" (154-5). Il processo di narrare lo porta a un'epifania che lo aiuta a reinquadrare meglio e stabilire una connessione tra alcune vicissitudini dell'infanzia.

Il fatto che questi eventi raccontati sono vissuti in uno stato di sonno indica che il reportage non è necessariamente affidabile. Sante Matteo annota in *Radici sporadiche* che la memoria "ha un modo tutto suo di distillare e ingrandire sensazioni ed avvenimenti e, di conseguenza, spesso distorce la realtà che ricorda e rappresenta" (109), e pure Sara confessa in *Il viaggio* di essere "consapevole che la memoria è sempre erratica nel cercare la sua via verso il vero" (15). Le approssimazioni della realtà da parte delle voci narranti contribuiscono a offuscare i fatti nella mente del lettore. A volte, Massimo ricostruisce scene vissute in maniera indiretta, conversazioni sentite da dietro una porta chiusa. Rielabora e riempie, se non addirittura inventa le situazioni e i dialoghi, ricreando scene basate su una frazione della sua partecipazione. Massimo non è in grado di capire certe cose, e sembra tenere gli occhi chiusi per non volerle ammettere. Quando ricorda il suo primo incontro con Rosa Menna, una prostituta: "Istintivamente chiusi gli occhi, e incominciai a parlare con questi occhi chiusi" (50). Il ricordo della squallida storia rimbalza tra i suoi sensi e gli causa un tale sconforto che deve, di nuovo, chiudere gli occhi per riprendersi.

Il giovane impara presto a non guardare perché basta una volta avere gli occhi aperti nel momento sbagliato per essere troppo esposti alla realtà. Più tardi quella notte, ha visto qualcosa che cambia il corso della sua vita: la storia amorosa tra Stella Gomena e l'artista Cesare Orlandi. Dopo che Massimo ha scoperto il suo segreto, Stella paga per mandarlo al collegio. Al momento della scoperta, per proteggersi dai colpi e per l'impossibilità di fuggire fisicamente, Massimo fugge nel sonno: "cercai di non fare nessun movimento, e chiusi gli occhi, li strinsi forte, finsi di morire" (175). Il bambino rimane lì, rannicchiato sull'uscio, e si addormenta. Al risveglio, Massimo pensa: "Mi venne la tentazione di chiudere gli occhi, farmi portare con gli occhi chiusi" (180). Chiudere gli occhi sarebbe un modo di evitare la realtà circostante, una fuga psicologica che subentra quando non è possibile la fuga fisica.

Per i giovani, come per gli anziani, senza la possibilità fisica di evadere, non esiste un rifugio dalla realtà se non attraverso l'immaginazione. In modo simile a Massimo di *La stanza grande*, in *Il viaggio*, G.G. non vuole ammettere pienamente le violenze sessuali commesse dal prete Fra Boff: "ho chiuso un occhio nell'incertezza di provocare azioni, non ero certo di niente, sospettavo soltanto, e chiusi un occhio come a dire beh, insomma..." (221-2). La scelta di non vedere è una protezione; permette al narratore innocente di non ammettere e, nel non accettare, può ricreare una realtà alternativa.

In *Il viaggio*, il protagonista narra spesso con gli occhi non aperti per vari motivi. Come Massimo, G.G. è spesso stanco, ma deve anche sollevarsi dalla pressione del glaucoma e la vista sfuocata, allora porta una benda sugli occhi e non vede. Sotto la benda vede con "l'occhio della mente". La copertura sugli occhi limita le sue solite attività, ma può accedere a un'intensa riflessione che si trasforma in allucinazione ipnagogica.

Dice che si sente molto solo, lontano dagli amici, lontano dal paese d'origine, e lontano dai possibili contatti e quindi lontano dalla capacità di comunicare in maniera efficace con gli altri. Nello stato ipnagogico apre un mondo in cui il contatto e la comunicazione sono più facili. Viaggiare con la mente sarebbe uno svago e una fuga dalla solitudine della sua giornata tipica, e l'opportunità di interagire con persone del passato. La moglie dice a Nat: "In genere sonnecchia, come adesso, o parla con se stesso, tra veglia e sonno... Invoca i suoi amici, i suoi classici" (25); "mangia poco e parla molto, a se stesso, con allucinazioni che durano ore – sono viaggi nel distante vuoto, una specie di infiniti monologhi con le ombre [...] A questo punto sarei dell'opinione che lui ami giocare con se stesso, con le ombre della sua immaginazione" (12).

Il bisogno di G.G. di fuggire dalla contingenza altrimenti limitante è soddisfatto dalle trasgressioni dei suoi cammini immaginativi. La sua mente divaga, e nell'immaginazione scappa verso luoghi e tempi distanti, ricordando eventi dalla propria vita e incorporandoli negli eventi immaginati. Attraverso questi passaggi riesce a rivisitare e riorganizzare, se non reinventare, elementi del proprio passato.

Oltre ad essere limitato nelle capacità fisiche, ha difficoltà a rimanere sempre lucido nei pensieri e nei discorsi. La solitudine tende a fargli effetti strani, come la frequente ripetizione. Spesso si chiede se ha già detto qualcosa, e poi si rende conto di aver perso il filo del proprio discorso e pensiero: "Ma, scusa ancora, non ho detto "ormai" anche prima? Ripetere, ripetermi, ecco un arrivo, e l'"ormai' ora affiora alle labbra come se fosse un oremus [...] mi ripeto" (94). Poi si spiega all'amico immaginario Sebas: "come ho cercato di dirti prima, Seb – vedi cosa mi fa la solitudine, la malattia?" (95). Le migrazioni mentali di G.G. rendono piuttosto confusionaria la narrazione; si tratta di un romanzo d'idee e concetti, un labirinto di ricordi e invenzioni, più che una storia con una trama. G.G. offre la seguente descrizione della propria voce narrativa quando si scusa con la moglie: "Perdonami, cara. Il pensiero corre di qua, di là... è questo mio solito, purtroppo. Che salta da una cosa all'atra, da un trabocchetto all'altro come, yes, uscire dal coma [...] l'incredibile labirinto!" (207). Sara nota il parallelo tra il modo di narrare di G.G. e il suo modo di essere come uomo:

> G.G. deve aver appreso molto, come classicista, dall'insegnamento dei vecchi greci, Zeno, Parmenide, almeno per quanto riguarda nozioni di movimento e molteplicità... teorie, in effetti, che lui spesso citava ma che a noi apparivano piuttosto nebulose, per non dire equivoche... anche perché era sua abitudine impappinarsi, smarrirsi... ricordi, no? (13)

L'abitudine di fare discorsi complessi e labirintici dunque non è nuova per lui. Sara e Nat ricordano esempi delle sue lezioni, e i discorsi labirintici che faceva: "il pensiero non detto ma intuibile nel sottofondo di ciò che si è alluso, non espresso..." (13). Sara ammette le difficoltà nel cogliere subito il significato delle sue parole, ma credeva che avessero sempre qualche senso, da scoprire e comprendere fino in fondo forse con più tempo, maturità, e riflessione. Come nel viaggio della vita stessa.

Il confine tra ricordo e allucinazione è particolarmente difficile da identificare in *Il viaggio*. Non è sempre chiaro quando la voce narrante è dentro lo stato ipnagogico; quindi è difficile determinare se un discorso è legato a una vera conversazione, un'operazione subliminale, o pura invenzione, perché gli elementi dei due lati della coscienza si mescolano inscindibilmente. Quando chiude gli occhi comincia a vedere figure che salgono dal profondo della sua psiche. Queste apparenze mescolano con gli stimoli esterni che continua a percepire, e i dialoghi nel presente si confondono con quelli ricordati o inventati. Parole dette, lette o sentite permeano il subconscio del narratore; scatenano altre scene, ricordi e pensieri, e a volte provocare verbalizzazioni ad alta voce che possono essere assimilati nei dialoghi. Sara chiede spesso a G.G. "Con chi parli?"

La sequenza narrativa è fatta di una serie di associazioni mentali e verbali insieme ai ricordi e pensieri che possono provocare. I fili dei discorsi, spesso irriconoscibili dal lettore, sono chiarissimi nella mente di G.G. Parole portano ad altre, e c'è sempre un legame creativo tra un pensiero e ciò che l'ha stimolato. Ma senza sapere i legami precisi che esistono nella mente del narratore, le scene raccontate risultano solo attimi fugaci, una serie di *nonsequitor* nell'andatura fluida della scrittura ipnagogica. Questa tessitura invisibile del testo è uno dei tanti giochi stilistici che caratterizzano lo stile dell'autore.

In *Il giroscopio*, Rimanelli descrive il suo uso di "libera associazione" e il legame con la fugacità della memoria:

> riscrivere il moderno è in parte proprio scriverlo, riscrivere si connette in un certo senso al "ricordare": figure, scene, nomi, frasi che balzano agli occhi in forma disordinata, non scelta o prescelta, parole che capitano, si fissano, svaniscono, un proces-

so che Freud chiamò di "libera associazione", senza niente di logico o etico in esso, una cosa che si lega a un'altra cosa "ritrovata" per cercarvi un legame, e forse anche una continuità. (1207)

L'autore spiega quest'approccio alla narrazione e chiarisce le sue
funzioni ben precise: libertà di pensiero e parola, ricordare per
riscrivere e ricreare, e ricercare legami.

Per via di questa tendenza verso le associazioni libere,
qualsiasi forma di stimolo esterno può causare lo scatto verso o lo
stacco dallo stato psichico. Nell'episodio in *La stanza grande* in cui
il barbiere si mette a suonare il violino, la musica fa scattare immagini inquietanti per il protagonista e una visione ipnagogica:
"Mi otturai le orecchie per non sentirlo…. Ma con le orecchie ottu-
rate *caddi in una nebbia di suoni e di vibrazioni,* in fondo alla quale
c'erano – di nuovo – gli occhi di Rosa Menna" (54)[3]. Immagini,
concetti, suoni, voci e parole offrono fonti infinite di stimoli. Suscitano un flusso continuo di pensieri apparentemente incongrui che
nascono dalle associazioni misteriose immerse nel subconscio. In
maniera simile, le cause più tracciabili per le allucinazioni di G.G.
sono spesso i vari stimoli nell'ambiente: rumori dentro la casa,
frammenti di conversazioni sentite, o le voci che gli tornano in
mente da conversazioni al telefono, email, o lettere con amici e
colleghi. Anche la voce della moglie Sara è una frequente scintilla
per le sue migrazioni mentali.

Tramite queste allucinazioni, nella mente fantastica del dormiveglia, G.G. percorre luoghi idealizzati che non esistono più nel
mondo moderno com'erano prima, luoghi di antica bellezza, pace,
e spiritualità: India, Alaska, le Galapagos, Senegal, ed altri. Ma
l'asse centrale della narrativa oscilla tra due poli: la casa in Florida
con la moglie, e il Molise. L'idillico mondo arcaico del Molise esiste come utopia, e viene mitizzato come modello di armonia e pa-

---

[3] Le italiche sono mie.

ce universale, raggiungibile solo nello stato ipnagogico. G.G. spiega a Nat: "Per me [...] è una specie di Paradiso come il monte Athos, al quale si arriva attraverso caverne e scale e viottoli segreti, che sono i viottoli della volontà" (65). Dice:

> Il Molise che tu ricerchi è una creatura estranea a se stessa, con i suoi uomini e donne mutate e la congerie di paesi votati inesorabilmente alla morte, resi sepolcri imbiancati anzitempo, raccolti intorno a ruderi di antichi castelli, o sonnecchianti torpidi all'ombra di deserte colline o su orridi dirupi sospesi. Che cosa resta, dimmi tu, di quel Molise che tu hai amato—odiato a lungo (in cui, di certo, l'amore è più forte e tenace dell'odio) che non potrà mai essere quello di una volta, quel Molise—come il ricordo lacinante di una donna amata per una sola volta in un solo perduto giorno—che tieni scolpito nel fondo del cuore? (64)

Accusa Nat di storpiare l'immagine della regione nativa nella memoria, mentre G.G. è spesso colpevole della stessa conflittuale distorsione. [4] Poco prima diceva: "quel paese non è più il Molise di una volta, infatti, lui ormai arranca nella melma della globalizzazione, rivelandosi ogni giorno che passa sempre più estraneo, soprattutto ai giovani che stentano a cogliervi le antiche comuni radici..." ma nonostante ciò, "forse per provare la mia fede", lo ama ancora (63). Con le "caverne e scale e viottoli segreti" (65) si accenna alla fuga polivalente del protagonista anziano: sia per liberarsi dalle sue condizioni fisiche dovute alla vecchiaia e alla malattia, sia per sconfinare i limiti del tempo e dello spazio per ristabilire il legame con la sua amata regione, dov'è nato, ma anche da cui era fuggito.

Il ritorno onirico di G.G. al luogo di origine è la tappa finale nel percorso di una vita che conclude il cerchio della sua emigra-

---

[4] "Amo molto l'Italia, mi è però diventato un paese *quasi* straniero. Ho rapporti solo con il Molise, mia culla, e per questo piccolo stato della mia anima dono tutta la mente, con amore e responsabilità" (229).

zione. G.G. dice a Nat: "ognuno ha un suo paese, quello vero, per poi uscirne magari, o anche portarselo dietro come succede a me, che ne uscìi infatti, già, ne uscìi, ma non ne uscìi mai in effetti" (63). G.G. non vuole altro che tornare alle origini più autentiche ad '"un luogo dove vivere in pace con se stessi e con il proprio nome, il proprio paese appunto, un paese chiamato Molise" (63). Tornare nel Molise nello stato ipnagogico è un ritorno spirituale quando non è possibile un ritorno corporale.[5]

La percezione del tempo nella mente di G.G. Ri è ancor più fluida che ne *La stanza grande*. È logico considerando la lunga vita e la moltitudine di esperienze e percorsi del personaggio anziano rispetto al giovane Massimo, che all'epoca del racconto non aveva mai lasciato il piccolo paese. I flashback in *Il viaggio* istaurano un cronotopo tutto loro attraverso il quale torna al suo amato Molise, la cui storia e memoria collettiva è presentata attraverso un quadro d'immagini anacronistiche. Il narratore fa una vera e propria ricerca molisana, con i sogni di luoghi, familiari e ancestrali, creando una specie di tributo alla bellezza e storia della regione. I riferimenti quasi documentaristici del Molise diventano il punto di riferimento più importante per i suoi viaggi ipnagogici. La sua regione nativa è la meta *nonplusultra* dove G.G. può sempre tornare per trovare il sollievo: "questa bella Italia amate sponde [...] sempre ricercata nei tanti viaggi anonimi dell'insonnia" (103).

Sheryl Lynn Postman nota che il viaggio nello stato ipnagogico corrisponde al concetto di "Dream time" di Mircea Eliade:

a return to the start, *ab initio*, of creation; man must re-create the myth, *in illo tempore*, of his own beginnings (*imago mundi*). *Dream*

---

[5] "Voglio tornare nel Molise per esservi seppellito, terra e non aria o forse aria, ma non ci riesco da vivo" (2004: 502). "Ma io ricordo un rivoletto d'acqua sotto casa mia nel paese che tu sai, mio caro Sebas da Fisciano, che chiamavano Cigno e dove tu mi riporterai, se vuoi, racchiuso in una piccolo anfora. [...] È nel *testament*: tu e Pietro ed Antonio, con Ciliegia che ti consegnerà la mia polvere" (507-8).

time empowers man to reintegrate the sacred time of the com-
mencement of things, and, therefore, to renew the world. (150)

Il sogno permette all'uomo un ritorno alla purezza, e l'opportunità di ricreare il passato. Per G.G., la riscrittura del passato include la preservazione dell'immagine sacra di Molise, in paragone al mondo attuale profano, mentre Massimo dipinge il piccolo e paese molisano non tanto come un luogo soffocante quanto luogo di riunione di vari personaggi affascinanti, storie e intrecci.

In un suo saggio inedito Rimanelli descrive una sua esperienza a una festa in Messico, ma le parole spiegano l'essenza de *Il viaggio*:

> Tutto vi accade come in un sogno; ogni cosa attrae il suo contrario. Quindi la fiesta, in quanto esperimento cosmico, è un esperimento di disordine che riunisce in sé contradditori elementi, quegli stessi che provocheranno una rinascita di vita. Octavio Paz, il poeta messicano, mi spiega che la fiesta è un viaggio di ritorno in uno stato prenatale e presociale, un ritorno che è allo stesso tempo un ricominciare, un ri-vivere, un ricreare.[6]

Il ritorno come rinascita, la riunione di elementi contradditori, e il ricreare nel rivivere sono tutti aspetti dei viaggi dei protagonisti. Rimanelli scrive in *Familia*: "Ogni viaggio è un esilio [...] per un luogo nuovo, una reinvenzione della propria esistenza" (21). L'autore è quindi consapevole di questo, e sceglie di far parlare i suoi narratori con una certa voce da una certa prospettiva.

Si potrebbe pensare che una posizione marginale sia negativa, escludente e impotente, ma G.G. la trasforma e la sfrutta. Riposizionandosi nello spazio liminale dello stato ipnagogico, ac-

---

[6] Con gli occhi chiusi di Pavese. Fondo Rimanelli. Archivio di Stato, Campobasso.

quisisce flessibilità e libertà, e perciò è una posizione di potere. Riraccontare la sua storia è l'unica forma di agenzia che possiede. Infatti, Massimo e G.G. godono della loro posizione di migrante all'interno dello stato ipnagogico perché possono rivisitare elementi diversi della propria storia, in uno spazio privo di convenzioni restrittive, e rigenerare e ricreare se stesso, lasciando ai posteri un'immagine di sé indefinibile e mai fissa.

Lo stato ipnagogico è essenzialmente migratorio. La voce narrante attraversa e addirittura distrugge i confini dello spazio e del tempo, dove gli aspetti multipli della sua persona possono coesistere. Incorpora passato e futuro, sogno e realtà, immagine e memoria, aprendo la strada alla comprensione più totale. L'incrocio tra il tempo reale e quello immaginato, soprattutto in *Il viaggio*, unisce i vari periodi della vita del protagonista, i vari luoghi importanti, e gli individui che hanno inciso sulla sua storia personale. L'amalgamazione di tutte le contradizioni della vita, la libertà e la creatività artistica di riflettere sul passato sono obiettivi artistici e letterari anche dello scrittore, che qui trasferisce ai suoi narratori.

C'è un parallelismo tra il "terzo spazio" (termine mutuato da Homi Bhabha) e lo stato d'interstizio che Rimanelli ha sempre occupato come scrittore marginale, nel senso multi-culturale, multilingue, e pluristilistico. Come nota Bhabha, una tale posizione può trasformare le nostre strategie critiche. Il terzo spazio è un territorio dove si potrebbe fuggire il dilemma e la costrizione delle dicotomie e gerarchie, le divisioni binarie e la polarità tra *us* e *them*, un interstizio dove tutti gli elementi della sua vita e identità frammentata coesistono, un luogo di transizione in cui si possono rinegoziare le identità e mergere con gli altri di noi stessi, o "l'Io e L'Altro e l'Altro ancora" (158).

La neutralità di questo terzo spazio, in parte per la sua combinazione di soggettività e oggettività, unisce elementi contraddittori. G.G. gioca con l'inversione narratologica come strumento per ridefinire il proprio mondo e manipola i confini della narrativa per invertire la sua posizione di *otherness*. È democratico e inclusivo, e perciò offre un alternativo attraente dove fuggire. G.G. spiega: "Per questo e altro spesso dormo, questi sono sogni con colorati di tutto e di niente che racconto a me stesso nel sonno, non visto, in terza persona in genere come se osservassi dalla platea o da dietro la tenda del palcoscenico, con quell'Io che non sono io" (53). Nel caso di entrambi Massimo e G.G., le voci narranti possono riconciliarsi con l'Io da cui si erano alienati.

I flashback servono anche come fuga dalla violenza. Entrambi i protagonisti, ciascuno a modo suo, tende a chiudere gli occhi per proteggersi dalla violenza intorno. Ne *La stanza grande*, il maltrattamento è tendenzialmente emotivo e psicologico, ma a volte anche fisico. In ogni situazione di disagio, Massimo riesce a fuggire chiudendo gli occhi ed entrando in uno stato di dormiveglia. Nel caso di G.G., lo stato ipnagogico gli dà un attimo di tregua al bombardamento di brutte notizie che lo disturbano tanto.

Il ruolo della televisione e mass-media come fonte di notizie disturbanti è evidente dalla prima riga del secondo capitolo quando narra Nat: "C'era la voce lontana appena udibile alla tv di Wolf Blitzer di Cnn da Kuwait City, che parlava della guerra e di Saddam Hussein, ma ora non m'interessava sentire" (31). Questo indica come la mente può creare una certa distanza nel trattare argomenti importanti e personalmente emotivi. G.G. richiede una via d'uscita. Si lamenta: "Viviamo al tempo di internet, prigionieri di una immane rete di informazioni che ci avvolge – fino a totalmente stordirci – in luoghi privi di confine, in un tempo senza tempo in cui i fatti sembrano antefatti o strafatti e persino sfratti, quindi svuotato di gusto, di senso..." (63). Sante Matteo sottolinea la proliferazione dell'informazione che ci bombarda dal media: "The present media overload which caters to immediate consumption impoverishes us by depriving us of our past and atrophies our capacity to project and construct our future" (8).

Lo spazio della casa nuziale, altrimenti tranquilla e protetta, viene invaso da immagini, discussioni, e ricordi di guerra. La violenza riportata dal telegiornale o negli articoli sul giornale lo ferisce profondamente. I riferimenti alle guerre in Iraq e Afghanistan, ma in particole all'11 settembre, sono subito associati al recente terremoto a San Giuliano di Puglia.[7] Dice a Nat:

> ed ecco che le Twin Towers cadono addosso all'America, su di me dunque, e ho perso i sensi, anch'io sono rimasto sepolto là sotto, e adesso – nel quasi buio dei miei occhi – sto cercando di riflettere su questo colossale nuovo medioevo atomico che taglia e separa nell'incomprensione reciproca, soprattutto culturale, i due mondi ora in conflitto. (169)

Per fuggire dalla violenza mediatica il narratore ricorre allo stato ipnagogico. Sfrutta le sue capacità immaginative per preservare il passato altrimenti perso nella "historical and cultural amnesia", il problema dell'uomo moderno. G.G. lo critica e commenta, proprio con la speranza di contribuire alla costruzione di un futuro migliore.

Lo stimolo principale per i viaggi ipnagogici di G.G. sembra l'annuncio dell'arrivo di Nat, la cui imminente partenza per la guerra in Iraq fa scatenare in G.G. numerosissimi ricordi di violenza attraverso i secoli. [8] Il flusso nel cervello lo porta dal recente terremoto in Italia, al genocidio in Rwanda nel 1994, la carestia in

---

[7] All'inizio del romanzo, Sara dice a Nat, cercando di anticipare suoi comportamenti strani con le visioni mentali, che G.G. non è lo stesso da quando è tornato dal Molise dove ha visto in prima persona la tragedia che ha colpito tutta la sua zona: "giorno è notte ormai, da quando è tornato da quel suo viaggio nel Molise, dopo l'orrendo terremoto del 31 ottobre scorso... " (12)

[8] È possibile che nel tempo vero degli eventi, la lunga conversazione tra G.G. e Nat alle fine del romanzo sia accaduta prima dei suoi percorsi mentali, e che sia stato questo dialogo a servire come punto di partenza per tutto il romanzo. In ogni caso, è sufficiente notare che i discorsi con Nat provochino pensieri non soltanto sulla terra nativa, ma sugli ennesimi esempi di violenza che caratterizzano tutta l'umanità.

India, ai preti pedofili della sua infanzia, all'ingiusto esilio di Dante[9], e alle antiche guerre sannitiche. Alcuni dei pensieri sono di violenze testimoniate e subite, in primo luogo l'esperienza sconvolgente nella guerra civile italiana. Ci sono tanti esempi che gli vengono in mente; G.G. è sensibile a tutte le forme di violenza che esistono nel mondo e vuole trovare un legame tra di loro.[10]

Nell'arco dei suoi viaggi mentali, G.G. coglie l'occasione per criticare e trarre legami tra le azioni e le tendenze violente dell' uomo che caratterizzano ogni fase della storia, a prescindere dalle distanze nel tempo. Riesamina il passato con la speranza umanistica di: "capire le colpe e punire i colpevoli, ma anche fare un severo esame di coscienza per comprendere dove abbiamo sbagliato e come possiamo rimediare prima dell'autodistruzione" (121). Massimo e G.G. condividono l'idea che per cambiare il futuro bisogna imparare dalla storia e capire il passato.

Dietro i flashback di entrambi i protagonisti, Massimo e G.G. c'è il forte desiderio di trarre un senso dalla vita, ma nel caso di G.G. l'obiettivo umanitario di questo bisogno è evidentemente più forte per il narratore più anziano. Mentre non aveva, non poteva, o non voleva prendere una posizione sociale contro gli schieramenti nella guerra civile italiana, ha sempre scelto di fare invece una critica della guerra in sé. È anche molto più capace di capire l'assurdità delle azioni belliche e di prendere una posizione morale e politica adesso da adulto, dopo il suo viaggio di vita, definito così proprio perché implica l'auto-riflessione, la crescita e la presa

---

[9] "con guerre *civili*, lotte di espansione e potere, i tempi di Messer Durante e il suo mondo, quel suo esilio [...]", e addirittura alle antiche guerre sannitiche (84). Rimanelli non perde l'occasione di giocare con le parole nonostante la serietà dell'argomento; notiamo l'uso d'italici per l'aggettivo "civile" a proposito della guerra.
[10] Vedi Nota 2 (cit. 229).

di coscienza.[11]

Da un lato, i flashback distraggono dalle violenze attuali del momento, ma dall'altro lato suscitano ricordi e pensieri di altre violenze nella storia, su quali si può riflettere con tutta la sua maturità, da uomo e da scrittore. Quindi, fuggire nello stato ipnagogico per entrambi i protagonisti non è solo un modo di evitare psicologicamente la violenza, ma di affrontarla: mentre il bambino innocente Massimo Niro fugge dalla violenza, l'adulto G.G. Ri può tentare di commentarla.

Oltre all'effetto terapeutico per i due protagonisti, la capacità di comunicare questa visione del mondo sembra essenziale alla *raison d'être* dello scrittore. Con Giose Rimanelli, si può parlare di una condizione dell'esistenza che diventa disposizione della scrittura. In tutte le fasi della sua vita, Rimanelli ha usato la narrativa come mezzo di espressione per riflettere sul mondo intorno. Chiudere gli occhi è un guardarsi dentro per capire il fuori, per meglio riflettere sul significato di tutte queste forme di violenza, anziché semplicemente raccontarla. È precisamente la sconfinatezza e massima libertà dello stato ipnagogico che permette ai narratori di raggiungere questa visione, e che rende questa tecnica narratologica una scelta ideale per Giose Rimanelli di soddisfare i desideri creativi e sperimentali, letterari, e umanitari.

OPERE CITATE

Bhabha, Homi. *The Location of Culture.* New York: Routledge, 1994.

Borges, Jorge Luis. "Borges y Yo." *Obras completes.* Argentina: Emecé Editores, 1974.

Capek-Habekovic, Romana. "Texts within the Text: Hermeneutics of the 'Fluid' Novel *Benedetta in Guysterland* by Giose Rimanelli for the Jab-

---

[11] Ricordiamo la doppia prospettiva di cui si gode nello stato ipnagogico; con la posizione marginale, con la distanza come col tempo, è possibile riflettere meglio e capire meglio le cose.

berwocky Reader." *Rimanelliana: Studi su Giose Rimanelli*. Ed. Sebastiano Martelli. Vol. speciale di *Forum Italicum* (2000): 199-221.

Carravetta, Peter. "L'America è soltanto un altro posto: Intervista con Giose Rimanelli (Aprile 1972)." *Rivista di Studi Italiani* 19.1 (2001): 122-139.

_____. "Viaggio: Viaggiare tra essere e divenire." *Segnalibro. Voci da un dizionario della contemporaneità*. A cura di Lucio Saviani. Napoli: Liguori, 1995: 205-256.

Cecchetti, Giovanni. "Autobiografia mitografica in Giose Rimanelli." *Rimanelliana: Studi su Giose Rimanelli*. Ed. Sebastiano Martelli. Vol. speciale di *Forum Italicum* (2000): 121-7.

Chatman, Seymour. *Story and Discourse: Narrative Structure in Fiction and Film*. Ithaca: Cornell University Press, 1978.

Eliade, Mircea. *The Sacred and the profane*. Trans. Willard R. Trask. Princeton: Princeton University Press, 1974.

Fontanella, Luigi. "Giose Rimanelli e il viaggio infinito." *La parola transfuga: Scrittori italiani in America*. Firenze: Cadmo, 2003. 101-174.

_____. Introduzione. *Il viaggio* di Giose Rimanelli. Isernia: Iannone, 2003.

Genette, Gerard. *Narrative Discourse: An Essay in Method*. Ithaca: Cornell University Press, 1983.

Laborit, Henri. *Elogio della fuga*. Milano: Mondadori, 1982.

Martelli, Sebastiano. "Due patrie, due culture, tre lingue: il viaggio continuo di Giose Rimanelli." *Quaderni, Letteratura italoamericana*. A cura di Simona Cappellari e Giorgio Colombo. Verona: Edizioni Fiorini, 2008. 99-107.

_____. "Intervento." Un pomeriggio con Giose: Incontro con lo scrittore Giose Rimanelli. Molise d'Autore. Casacalenda. 26 maggio, 2012.

_____. Introduzione. *La Stanza Grande* di Giose Rimanelli. Cava dei Tirreni: Avagliano Editore, 1996. 7-19.

Matteo, Sante. *Radici Sporadiche: Letteratura, Viaggi, Migrazioni*. Ed. Simone Dubrovic. Isernia, Iannone, 2007.

Milone, Anna Maria. "Una montagna di ricordi nel *tunnel* della memoria: il testo globale di Giose Rimanelli. Studio comparato di *Tiro al piccione* e *Il viaggio*." *Rivista di Studi Italiani* 33.1 (2015): 543-561.

Postman, Sheryl Lynn. "From the Beginnings to the End: Giose Rimanelli's *Il Viaggio.*" *Rivista di Studi Italiani* 22.2 (2004): 141-163.

_____. "Is It Real or Is It Fiction?: The Dimorphous World of Giose Rimanelli in *Familia.*" *Italian Culture* 19.2 (2001): 103-123.

Rimanelli, Giose. "Confiteor ovvero *Il Romanzo del Molise dal 2000 al 1000.*" *Forum Italicum* 2.2 (2004): 491-516.

_____. "Con gli occhi chiusi di Pavese." Fondo Rimanelli. Archivio di Stato, Campobasso. Discorso e saggio inedito.

_____. *Familia: Memoria dell'emigrazione.* Isernia: Iannone, 2000.

_____. "Un futuro chiamato ritorno." *Rivista di studi italiani.* 15.1 (1997): 151-177.

_____. "Il Giroscopio, ovvero le retoriche dell'interpretazione." *Humanitas e Poesia: Studi in onore di Gioccchino Paparelli* Vol. II. Ed. Luigi Reina. Salerno: Pietro Laveglia (1990): 1175-1213.

_____. *La Stanza Grande.* A cura di Sebastiano Martelli. Cava dei Tirreni: Avagliano, 1996.

_____. *Molise Molise.*

_____. *Sonetti per Joseph – poesie 1994-1995.* Latina: Caramanica Editore, 1998.

_____. *The Three-Legged One: A Glossed Novel.* New York: Bordighera Press, 2009.

_____. Intervista con Sabrina Infante. Molise, 2012.

_____. *Il Viaggio: Un paese chiamato Molise.* Isernia: Iannone, 2003.

Said, Edward. *Out of Place.* New York: Knopf, 1999; *Sempre nel posto sbagliato. Autobiografia.* Trad. A. Bottini Milano: Feltrinelli, 2009.

Sinopoli, Franca. "La valigia delle identità. Memoria collettiva e Memoria traduttiva in *Out of Place* di Edward W. Said." *La storia nella scrittura diasporica.* Roma: Bulzoni, 2009. 215-236.

Flesh Made Word Made Flesh

Sante Matteo
PROFESSOR EMERITUS
MIAMI UNIVERSITY OF OHIO

This essay, presented as a talk at the symposium, "Giose Rimanelli: 90 Years / An American Celebration," was the last presentation of my academic career before retirement. Coincidentally,
my very first presentation at an academic conference in 1980 had a
similar title: "Corpo e parola in Pasolini". It thus appears that I
have come full circle, ending where I started. While such a closing
of the circle may provide a satisfying sense of completion, it also
suggests that little or no progress was made during my career.

The word "career" comes from the Latin *carraria (via)*, which
means a carriage-road, and which in turn derives from *carrus*, a
wagon or coach, which in its turn suggests a bus, which takes me
to Rimanelli: to the "Nowhere Bus" that he describes in *Biglietto di
terza*, an account of his first trip to North America in 1953 to visit
his parents and two brothers who had emigrated to Canada in
1949. In Montreal he boards the wrong bus, one that does not
make any stops and whose driver is deaf. It is the "Nowhere" bus
that takes tourists—or those who just want to rest their legs and
maybe take a nap—on a circuit of the city, returning to the point
from which it departed. To the narrator the sleepy passengers re-
semble the souls of the damned, as depicted by Dante in *The Divine Comedy*, ferried to the city of Dis in Hell by Charon: not a particularly uplifting image with which to bring a career to a close!

It was Rimanelli himself who, Charon-like, ferried me back
simultaneously to Pasolini and to the body-word dichotomy of

my first conference paper. Casting about for a topic for the Rimanelli symposium, I revisited the pages of his 1959 book of literary criticism, *Il mestiere del furbo,* and found a highlighted passage where the "author" claims that the characters in Pier Paolo Pasolini's novel *Ragazzi di vita* are in fact "ragazzi di carta" (156). The distinction made between *vita* and *carta,* or taking paper to be a synecdoche of literature, between life and literature, suggests an analogous distinction between body and language, or flesh and word: the dichotomy of my title. The implication in *Mestiere* is that good writers and good literature present real, living characters, not false, "paper" ones, as Pasolini does.

Curiously this distinction between what is real and what is merely literary is already prefigured on the book's title page, which lists two names for the author (which is why the word is in quotation marks in the previous paragraph): "Giose Rimanelli" and below it, in parentheses, "(A. G. Solari)." The publisher's preface (signed: "gli editori") attributes the book exclusively to A. G. Solari, who had thus signed the essays previously published in the weekly *Lo specchio* and now collected in this volume. A postscript at the end of the preface, however, relates that shortly before going to print Giose Rimanelli, author of *Tiro al piccione,* revealed that he was "A. G. Solari," the *nom de plume* he had used to publish very critical and potentially scandalous articles. His concerns proved to be well founded, for after the publication of the book and the revelation of its "true" author, Rimanelli soon became *persona non grata* within the Italian literary community and felt obliged to leave Italy.[1] Thus began his "American exile" of

---

[1] In my article on Rimanelli for the *Dictionary of Literary Biography,* I pointed out that determining the "true" author of the essays is not a simple matter: "Reading *Mestiere del furbo,* however, one gets the impression that it is not really Rimanelli speaking in his own voice but an antagonistic persona he has invented, another of his semi-fictional alter egos, who dares to say things that Rimanelli would be reluctant to say

more than six decades and his American literary production cele-
brated at the Calandra symposium.

What is thus presented to the reader is a real living author: Giose Rimanelli, and a fictional or purely "paper" author: A. G. Solari: an *autore di vita* and an *autore di carta*. The pen name, a purely
scriptural construct that serves to hide the identity of the real author, can be read as a case of "flesh made into word," whereas
Rimanelli's re-appropriation of the text, by having his real name
placed first and the pseudonym placed below it and enclosed in
parentheses, can be seen as an attempt to "remake the word into
flesh."

"Solari's" assessment of Pasolini raises several questions: Can
literature, which consists of words written on paper, do otherwise
than create characters of words and paper? What would "Solari"
have said about Rimanelli's own later writings—such as *Benedetta
in Guysterland* (1993)—many of which are formally experimental,
full of word play in various languages, replete with literary references and allusions? Would he have characterized them too as "*di
carta*," made of mere "paper," motivated by and focused on words
rather than life, and condemned them as bad or inferior literature?
When we talk about literature, what are we talking about: words
or bodies? Both? Neither?

If we associate words and language with the mind and thus
re-articulate the dichotomy as body vs. mind, a chicken-or-egg
question arises: "which came first, the body or the mind?" Zoolo-

---

and categorically asserts opinions that the author would deliver with
more caution. One wonders how Rimanelli's career might have been different had he presented Solari's ideas in the form of Platonic dialogues,
as he did in two theatrical pieces he was writing at the same time: *Tè in
casa Picasso*, (1961) and *Il corno francese* (1962). In any case his marginali-
zation in Italy served to lead Rimanelli in a new and, in many ways,
more fruitful direction as he started to live and write in two languages
and in two cultures" (310).

gy, anthropology, and the theory of evolution hold that the body came first and what we refer to as the human mind evolved later. But in religious thinking, especially in creationist beliefs of intelligent design, a mind came first, and what is more, a mind conceived as a linguistic construct: "In the beginning was the Word, and the Word was with God, and the Word was God" (1.1), "And the Word was made flesh, and dwelt among us" (1.14). In these verses from the beginning of the Gospel of John in the *New Testament:*, in the King James version of *The Bible*, "Word" translates the Greek *logos*, which had other, wider meanings, e.g. "discourse," "reason," and in some contexts, "wisdom." All these meanings suggest mental rather than bodily attributes: concepts pre-existing in the mind of a creator before the creation of physical matter and bodies.

However, perhaps the most pertinent question for our purposes is not "which *came* first?" but rather "which *comes*, or *should come*, first, the body or the mind?" That is to say, which of the two is more fundamental and has primacy over the other? Philosophers, writers, and artists have been debating this question from the onset of writing, with idealists and epistemologists on one side and materialists and ontologists on the other.[2] "Solari" in his criticism of Pasolini seems to side with the ontologists, or realists. Did the "American" Rimanelli subsequently go over to the other side?

⌀

There is another "Nowhere" bus that Rimanelli takes in *Biglietto di terza*, so called this time because it takes seasonal workers from the city out to the country to pick crops: a one-way ride to "the middle of nowhere." In this episode Rimanelli narrates the story

---

[2] According to the online *Stanford Dictionary of Philosophy*: "Defined narrowly, epistemology is the study of knowledge and justified belief."; "As a first approximation, ontology is the study of what there is." http://plato.stanford.edu/index.html, 25 May 2015.

of a fellow worker for whom it was terminally a one-way journey, for he is shot and killed by his spurned lover when boarding the bus for the return trip. For him there is no return. He has gone "nowhere" in a different sense than the Rimanelli who boarded the first bus that didn't go anywhere.

Two different buses, two types of journey, two different nowheres. One is a circular journey that returns to the starting point, with no stops along the way: the traveler goes nowhere by being unable to leave behind his point of origin. The other is a linear, one-way journey to a distant destination in unknown parts: the traveler ends up nowhere by being unable to return. One can't go away; the other can't come back.

Two similar journeys take place at the beginning of Italian literature: the *Travels* of Marco Polo (c. 1299) and Dante's ultramundane pilgrimage in *The Divine Comedy* (c. 1308-21), written within a few years and within a few miles of each other. These, however, are travels to "somewhere," not to "nowhere." Marco's is a round-trip journey, like that of Rimanelli's first Nowhere bus, but with many stops along the way. Dante's is a one-way trip to a very distant destination, like that of the second "Nowhere" bus, but one from which he comes back to tell the tale.

There is an odd blind spot in Italian literary studies that has kept these two texts from appearing together in the same frame. Marco Polo is not mentioned in Dante studies; Dante is not mentioned in studies of Marco Polo's *Travels*. This mutual exclusion is odd because of the remarkable similarities between the two texts: written at more or less the same time and in the same geographical region; both about journeys, with the author as the traveler and main character; both widely read and known from the time they were written to our own day; both enjoying widespread geographical resonance and influence and continuous historical renown and relevance from their day to ours. So why are they practically never compared or contrasted, almost as if there has been a taboo against doing so?

One answer, perhaps the most obvious, is that the text of Marco Polo's travels is simply not considered a work of literature and therefore cannot be compared to a literary text, such as the *Divine Comedy*, anymore than could Columbus's log of his sea voyage, or any other actual journal or historical document. And yet, as we know, the text was penned by Rustichello da Pisa, who was in fact a literary author: a writer of romances, to whom Marco recounted his travels while both were prisoners of war in a Geno-ese jail. This authorship by itself suggests that it is in fact a literary work. Indeed those who have doubted the book's veracity have dismissed it as nothing more than literary fiction, not a documen-tation of actual facts and events. Thus, some historical scholars have dismissed the text as mere literature while literary scholars have discarded it as mere history, or as some sort of proto-journalism, not qualified to be treated as literature. In other words—returning to the terms of Rimanelli/Solari's original di-chotomy—Marco Polo's *Travels* are perceived as either "*di vita*": an account of real life, of real places, real people, and real events; or as "*di carta*": just words on paper: language used to construct a purely linguistic, conceptual reality, not to convey "real life" and the "real world" as they actually are.

The Marco Polo/Dante comparison brings another dichotomy to mind: immanence vs. transcendence. Marco's book is concerned with immanent reality. It is about *this* world: measurements, dis-tances, descriptions of crops, merchandise, social customs and practices, political institutions, economic systems, landscapes and cities, historical events: all seen through the eyes of a merchant, an objective observer, without a pre-existing ideological or religious credo to color or distort his perception or his judgment. Marco was an unschooled adolescent when he left Venice with his father and uncle. He had not been fully indoctrinated in the religious and otherwise dogmatic beliefs of his culture and could therefore observe the exotic realms he encountered with relatively little prejudice or bias. The compilation of his recollections, as a result, does not manifest any interest in a transcendent realm beyond this world or this life, nor in using notions about that transcendent world to pass judgment on life as it was lived in different places in this world. He travels with an inquisitive and tolerant frame of mind, not with the judgmental, reformatory fervor of a missionary, nor with the aggressive, acquisitive zeal of a conqueror.

In fact, so objective and "tolerant" is the narration of situations and events involving "foreigners," just about all of whom were not Christians, that one wonders whether the book might have appeared to be scandalous or even dangerous to a Christian readership. After all, the immense empire of the Great Khan Kublai portrayed by Marco is far more prosperous and advanced than Europe, economically, politically, technologically, and culturally. How could there be so many people in the world who didn't even know about the "Savior"? And how was it possible that all those non-believers were actually more advanced and more prosperous than the true believers? Indeed it's tempting to speculate whether Dante interrupted his writing of the *Convivio* and started writing the *Commedia* in order to provide a response, or an antidote, to Marco Polo's popular book, which in his view was potentially heretical and dangerous, because it showed infidels in a very positive light, and even worse, it invited its readers to explore, value, and admire the marvels of *this* world, especially those parts of this world that weren't even Christian. He would instead present a more "correct" journey for good Christians to undertake, one with even greater marvels: not a horizontal journey to the far reaches of the globe, but a vertical voyage to the farthest reaches of the universe and beyond, all the way to the Empyrean, the divine realm of God and of the blessed. His was a journey of transcendence, the only true journey that a Christian should undertake: the way of the soul to salvation and beatitude, not the mercenary travels of a merchant and a bureaucratic emissary in search of products and goods and exchange, and of knowledge of other lands and other people.

Whether Dante actually wrote the *Commedia* in reaction to and as a condemnation of the *Travels* of Marco Polo—or whether he even knew of Marco Polo's book—is not the main point in this discussion.[3] Rather, the contrast between them serves to re-articulate and to embellish the flesh/word dichotomy of the title. There has been quite a bit of slippage in the deployment of dichotomies so far: flesh vs. word; *vita*-life vs. *carta*-paper; body vs. mind; history as factual account vs. literature, and immanence vs. transcendence. In fact it seems that we have been slipping from one binary opposition to another without getting anywhere in determining which side of the opposition is more fundamental or primary.

Binary thinking is often disparaged because many issues and problems cannot be reduced to an either/or formulation. In many cases the answer is both/and. And in other cases there are other options to consider beyond the two contained in a binary dichotomy. Accordingly, a possible answer to the question is that neither the flesh nor the word is more essential or more fundamental than the other in literature (or in the other arts and in philosophy).

---

[3] It is hard to believe that Dante would not have known the book, given its popularity and Dante's own apparently encyclopedic knowledge of the literary production of his time, and the fact that he spent much of his life after his exile from Florence in 1302 in northern Italian courts, such as Verona and Ravenna, that were near Venice and had close ties with the Republic. In fact, he served as Ambassador to Venice for the Polenta family, the Lords of Ravenna. For a lengthier discussion of the contrast between the two texts, see my article on Marco Polo in the *Literary Encyclopedia Online* and "Horizontal and Vertical Journeys in the Italian Imagination: Marco Polo and Garibaldi vs. Dante and Victor Emanuel II" in a special issue of *MLN* dedicated to the memory of Eduardo Saccone.

Literature necessarily deals with both, its very function being to link them indissolubly. And so this essay could easily end here, concluding that the older and perhaps wiser "American" Rimanelli would go on to learn precisely this lesson: literature is about both *carta* and *vita*, words and bodies, ideas and reality, and not primarily about one or the other.

Yet another possible answer to an either/or question is "neither this nor that." Literature then would ultimately be neither about the body nor the word, but about something else altogether. Or perhaps literature, and possibly all of what we call culture, only gives the illusion of being about those things on the surface by hiding its real machinations through a kind of cognitive prestidigitation, as in a magic act or in a shell game. In a shell game there are typically three shells, one of which contains, or covers, something and two of which are empty. They are shuffled in such a way that our attention is diverted to an empty shell. Similarly magicians create impossible illusions by diverting our attention away from the machinations that create those illusions.

Let us imagine that all human culture is just one big magic trick, meant to create an illusion while hiding the real cause of the effects being produced. The magician is the collective human mind itself. The illusion being created is that life has meaning or purpose. The props used to create this illusion are bodies and words. The magic effect results from bringing flesh and word together to become one creature: humanity. And presto, we have lives that mean something!

The behind-the-scenes mechanism that creates this illusion of meaning, by simultaneously drawing attention away from itself and onto the props, is natural, meaningless, pointless life itself, which, as Richard Dawkins claimed in *The Selfish Gene*, is nothing more than a perpetual process of blind self-replication. It's not organisms that create genes to reproduce themselves, but the other way around: genes create organisms as instruments with which the genes can replicate themselves. When we sneeze, for example, it's not because our body wants to get rid of the germs that have infected it; it's because those germs make the body sneeze (and cough and perspire) so that they can infect another host and keep reproducing.

In the last chapter of the book Dawkins wonders if culture might not work the same way as nature, through a similar self-replicating process. He coins the word "meme" as the cultural equivalent of a biological gene and suggests that memes might also perpetuate themselves through self-replication and generate cultural organisms, analogous to natural organisms, or bodies, as a way of spreading and propagating themselves. These cultural organisms would include bodies of religious beliefs, philosophical thought, political ideology, artistic works, and literature.

In such a mechanistic view of nature and of culture, flesh, bodies, lives, and socio-historical phenomena, as well as words, thoughts, ideas, and literary constructs, would all be instrumental, not fundamental: derivative, contingent, temporary, expendable, disposable: just props for a magic trick.

Yet we are thinking and speaking bodies. We have both a body and a mind. We *are* both body and mind, flesh and word. We are both the magician and the audience of the magic trick. We know it's an illusion, and yet still marvel at it and delight in it. Part of us wants to know how it's done, but another part doesn't. We want to be duped; perhaps need to be; cannot help but be.

In her poem "The Call" Sharon Olds reacts to a photograph taken in Chungking in 1941, after a panic in an air-raid shelter during a Japanese bombardment left more than 4,000 dead. The trampled, mutilated bodies are strewn on steps, some piled on top of others, babies and small children among them, some with clothing displaced or torn off, with dried rivulets and pools of blood emitted from some of the bodies:

There is no
end to the beauty of the body, even
here, on the steps outside the shelter,
the fragile goodness of the foot, . . .
[...]
. . . the body
beautiful beyond its use.

[...]
It does not stop its
calling to us, even from the total
silence on the stone stairs, the body
does not cease its crying out for
mercy, for another chance,
for love—even in death, speaking
in the language of desire.

She calls it the "call of the body" but it's just as much the call of the mind, a plea for the mind to give some sort of meaning to the body, to these dead bodies, to our own bodies that will inevitably die. The need is to re-infuse some conceptual qualities into these now inert and lifeless bodies: "goodness," beauty, "mercy," "love," and "desire,' or more precisely, "the *language* of desire." The body calls for language; language—through the words of her poem—calls for the body. Desire is what brings body and language, flesh and word, together and also what their coupling produces. Desire, as language and as biological impulse, is what fuels the process of life and keeps it going.

Greek has given us two prefixes that we commonly use to refer to life: *bios* and *zoe*. Though usage varies from field to field, among thinkers who in Foucault's wake write about "biopolitics," prominently among them Agamben and Esposito in Italy, *zoe* normally refers to life in a general sense, as a perpetual, natural phenomenon shared by all living things, whereas *bios* is usually applied to the finite, mortal, and contingent life of an individual.[4] Dawkins' view, as briefly sketched out above, is concerned with life as *zoe*. Olds' poem, on the other hand, is focused on *bios*, trying to restore individuality and some semblance or personality to un-differentiated victims of a massacre that took their lives collective-ly and indiscriminately. It is in life as *bios* that language and the mind and culture come into play, imposing meaning and purpose on life as *zoe*. Words, language, and literature transform *zoe* into *bios*, turning meaningless existence into essence by acts of will, or mind, as Sartre and the existentialists put it.

Life, as *zoe*, is like one of Rimanelli's "nowhere" buses. It comes from nowhere and leads nowhere; it just is. But life, as *bios*, is also the only "bus" we have that can take us somewhere, whether it's on a horizontal journey to the far reaches of the Earth with Marco Polo, or on a vertical voyage to a transcendent, metaphysical "other world" beyond the confines of Earth and nature with Dan-te. In his 70-plus years of writing, the same Giose Rimanelli who once traveled on two "nowhere" buses has led readers on many such journeys somewhere, listening to the call of the body and to the call of the mind, paying attention to the life that surrounds us and to the language that translates experience into words.

∅

There is something of Odysseus in the travels and adventures of Giose Rimanelli, but not only of Homer's Odysseus, who stayed put once he returned to Ithaca.[5] Rather he travels in the wake of

---

[4] In Christian religious discourse, in which triune imagery is common, a third term is used, *psyche*, and the meanings assigned to *bios* and *zoe* tend to be very different: *bios* generally refers to life in a general sense, includ-ing the life of animals; *psyche* refers to the life of the mind, spirit, or soul; and *zoe* alludes to everlasting, divine existence.

[5] This section of the essay was written several years ago as a preface to a book by Rimanelli to be titled *Textual* that was never published. It serves here to give an account of how Rimanelli's writing evolved in his Ameri-

78

Dante's Ulysses, who succumbed to wanderlust again after his return and took to the high seas once more. Likewise Rimanelli returns to the Molise region of southern Italy only temporarily, always to leave it again in order to continue his odyssey. Nevertheless, unlike Dante's Ulysses, destined to founder in uncharted waters and then dwell in hell for eternity, and unlike Leopardi's gazer on the hill in the *Infinito,* who flounders indulgently in the infinity of his imagination, the errant writer Rimanelli does not end up *naufragato,* shipwrecked, in the middle of his journey, but reaches the far shores safely, and repeatedly, thus expanding and exploring his and his readers' existential and textual horizons.

The writer as Odysseus, in his travels and relocations, both spatial and cognitive, acquires a variety of cultural experiences, a plurality of psychological and sociological perspectives, and a chorus of different voices and languages, making for pluri-linguistic, pluri-stylistic, pluri-referential texts. In the typescript of *Confiteor* Rimanelli writes, bilingually: "Thanks for immigration, Signore. Senza l'immigrazione some of us non si ritroverebbero seduti barside in Limerick, Milano, Port au Prince, Ho Chi Mihn City, oppure al Club Med, in Dakar, Senegal." Rimanelli's migration and migratory writing lead neither to shipwreck nor to hell, but to a gateway (redolent of the purgatorial gate in Dante, hence salvific) into a wide and open network, with links to personal memory, public history, and a large array of cultural constructs: a threshold between a lost land of origin, a virtual Eden or Ithaca (or in Rimanelli's case a virtual "Molise"), juxtaposed to a virtual "America" or promised land; origin and destination lost and regained textually and then redeployed as a kind of hypertext: a

---

can years. Though the preface was not published, certain sections of it were excerpted from "Molise Lost and Regained in Rimanelli's American Odyssey," which appeared in *Rivista di Studi Italiani* 19.1 (2001): 228-245. In that article, I also discuss the centripetal-centrifugal tension in Rimanelli's writings at greater length.

multi-coded interface that provides readers access to the whole world, the world of letters and the world of life.

Through the writer's Odyssean errantry, to lose is to gain: having lost home and self ("odysseus," as the Cyclops learned when he yelled for help and was asked who was harming him, also means "no man"), the migrant must substitute and supplement, and by so doing cultivate and nurture a new culture. The process is akin to that of muscle building: muscles are torn down so that they build back up bigger and stronger than before, or in Rimanelli's words: "L'emigrazione è ferita non c'è dubbio, quindi rifugio, per farsi poi rinascita e matrimonio" (Emigration is a wound, no doubt, then a refuge, to then become a rebirth and a marriage). Gain, however, in its turn also implies loss, and one should never come to feel too comfortably or exclusively at home anywhere, for in the words of the character Little Fart Irisk in *The Eyetalian*: "to be at home in the world we need to keep it inhospitable."

Writing, or the use of language in general, is itself a migration, a movement out of the material world into the conceptual. To write, or speak, or think—that is to translate or move into language—is to depart from the physical, sensual world, but only so that we may return to it and apprehend it through the consciousness that language gives us. Cognitive awareness is thus necessarily both a departure from and a retrieval of physical existence. In that sense the writer is always an emigrant, so that actual emigrants who are also writers deploy a redoubled consciousness: that offered by corporeal displacement from one physical and social context to another as well as that provided by the logical (as in "pertaining to *logos*") disjunction resulting from translating experience into language.

Rimanelli's literary production is remarkably polymorphous: many genres—fiction, poetry, essays, criticism, songs, and more—written or translated in various languages, published in various locations, with big publishers and small. Furthermore, it is not only in the aggregate that we find such hybridity, but in individual texts as well, particularly in his more recent writings. Looking at drafts of a manuscript such as *Textual* before it is published one gets the impression that, as Rimanelli is writing, nothing is extraneous or off limits, that he is continuously transgressing boundaries — of language, genres, tone, and cultural contexts. The various sections of the text are written primarily either in English or in Italian, but with many passages, citations, or expressions in dialect, as well as in other languages: French, German, Spanish . . . even Tagalog. Side by side on the same page are a mixture of cultural allusions, both high and low, from different countries, different media, and different systems of knowledge: literature, the sciences, philosophy, music and other fine arts, or the day's newspaper, or even the latest email from a friend: e.g. Darwin, Keats, and Descartes; Eco's latest novel and Cerri's Molisan dialect poetry; the newspaper comic strip *Garfield* and Abbott and Costello's comedy routine "Who's on first?"; letters, emails, and conversations with friends and colleagues, who are then re-baptized with new names and textual identities: Sebas, Gigiotto, il Matto Santo, Ciliegia.[6]

This hybridity in Rimanelli's English-language, or multi-language writings embodies a connection between life and art, between the real and the ideal. His daily life is itself a sketchbook, full of notations from his experiences, readings, correspondence, and thoughts: many of which he transcribes directly into his writing. For him, one senses, to live is to write, and to write is to live. Words for him are vital, not merely functional or decorative: the very stuff of human life: our only means of communicating with

---

[6] Sebastiano Martelli, Luigi Bonaffini, Sante Matteo, and Rimanelli's wife Sheryl Postman.

and understanding each other, and, more importantly, the only way of understanding ourselves, indeed of *being* ourselves.

Given Rimanelli's penchant to improvise and revise constantly, no two versions of his typescripts are likely to be the same, in what is a fluid, continuously metamorphosing, creative process of constant re-elaboration and growth, reflecting the process of life itself. Only the printing press, acting like a strobe light or a camera, can occasionally freeze the action to provide a still picture of what in essence can never be fixed (in the sense of "stopped, set, still"), and yet must continuously be fixed (in the other sense of "corrected, adjusted"). Thus "textual" means dynamic and interactive, a process and a product in flux, shaped and reshaped by interaction with the writer's correspondents and their reactions and contributions, some of which are spawned by the text itself while others are merely serendipitous. For example, Rimanelli sent a draft of the text to Italian literary scholar Sebastiano Martelli, who sent back his comments. A subsequent version of that same text included, partly in notes and partly in the body of the text itself, the exchange with Martelli, fictionalized as the interlocutor within the text, Sebas da Fisciano, or Seb.[7]

Why allow the text to be infected and altered through this cut-and-paste interaction with outside sources? Skip "Clubfoot Eyetalian" Horace, in *The Eyetalian*, the second story that makes up *Textual*, may provide a clue: "I've resorted to scissors to cut and

---

[7] Another example: one day, surfing the web, I found a reference to a new song by Francesco De Gregori, "Il cuoco di Salò, about the civil war between *partigiani* and *repubblichini*, and I sent it to Giose. A few days later I got a new version of *Textual*, with De Gregori's verses quoted in it along with parts of my email message, attributed to a textual version of me, il Matto Santo: "E questo ti viene comunicato da un altro molisano d'America, il Matto Santo dei saggi foscoliani, fratello anche nelle quinte accademiche" (and this is communicated to you by another Molisano in America, the Mad Saint of the essays on Foscolo, a brother also on the academic stage).

Elmer's glue to glue, almost like the Fates. But unlike them, my only aim is to resurrect life out of dismembered bodies, a sort of difficult game." The image suggests a procedure that sutures back together what has been dismembered or fragmented, which in turn suggests the etymological derivation of "religion" from *religare*, to tie or join together again. In this sense the writer's "religious" vocation is to find or make links among things. The impetus is centripetal: to rejoin and bring cohesion to that which is sundered or marginalized, which is to say much of the experience that characterizes our post-modern existence.

Earlier, however, Skip Horace mused, "I wonder if the job is to throw pebbles that will cause ripples," which presents a centrifugal image, extending out from the center. The author's writings, it implies, while serving as receivers that reverberate with voices and messages that converge on it from the outside, should also act like waves that radiate out to the margins and affect all that with which they come in contact. The process of writing and publishing is simultaneously driven by centrifugal and centripetal tendencies. And for such an endeavor, as the Eyetalian says later, "I is not enough . . . for sure. If 'I' am all I am of my life, it's not enough." We're all in this together, writer and readers, "da una sponda all'altra" (from one shore to the other), which is why the alteration or contamination of the text that results from the writer's ongoing dialogue with his readers is not only acceptable, but necessary.

Pebbles and ripples, scissors and glue, words zigzagging from one language to another: these are images that evoke Rimanelli's odyssey as a writer, an ongoing journey guided by vectors and valences that contradict, interfere with, and complement each other: joining and disjoining points of contact; arriving at and departing from potential destinations. Writing itself is the writer's "America," which is to say his destination, his home away from home, as long as we understand "destination" not as a point of arrival or a fixed location, but rather as a perpetual goal, or as a goad to keep moving.

Conor "Little Fart Irisk" McCurn, the Eyetalian's interlocutor, points out that emigrants, heading to America, "called it Armorica, because they thought that the streets were paved with gold. But when we got here, we found out that not only weren't they paved with gold, they weren't paved at all. Furthermore we were expected to pave them, which we did." America/Armorica is something always under construction. Like writing itself, and like *Textual* (both the text that carries that title and the activity that the word describes), it is a perpetual work site, where roads and bridges have to be built and paved to connect people and cultures of diverse provenance: paths of signification and ways of communication that zigzag between our "here" and our "there," epistemic links that ripple between our "now" and our "then" — the "then" of long ago and the "then" of times to come.

⌀

To conclude, and to return to my starting point, literature is indeed just *carta*, paper, if it does not convey and enhance life. And life is just existence if it is not made meaningful and elevated by language. Literature in general, as the language of desire, and the language and literature crafted by Giose Rimanelli over the past eight decades in particular, turns flesh into words and words back to flesh, giving our flesh, our lives, and our words sense and purpose and engendering the will to survive, thrive, and propagate. It may all be an illusion in the end, just a magic trick, but what else are we to do with our bodies and our minds while we have them, if not create magic ... and desire?

WORKS CITED

Alighieri, Dante. *The Divine Comedy of Dante Alighieri*. Bi-lingual edition. Trans. Allen Mandelbaum. New York: Bantam, 1986.

Dawkins, Richard. *The Selfish Gene*. 2nd ed. Oxford: Oxford UP, 1989.

Matteo, Sante. "Giose Rimanelli." *Italian Novelists Since World War II, 1945-1965*, ed. Augustus Pallotta; vol. 177 of *Dictionary of Literary Bibliography* (Detroit: Gale Research, 1997): 304-313.

_____. "Horizontal and Vertical Journeys in the Italian Imagination: Marco Polo and Garibaldi versus Dante and Victor Emanuel II." *MLN* special issue in honor of Eduardo Saccone, 129.3S (2014): 7-20.

_____. "Molise Lost and Regained in Rimanelli's American Odyssey." *Rivista di Studi Italiani*, 19.1 (2001): 228-245.

Leopardi, Giacomo. "L'infinito." *I Canti – Operette morali*. Basiano: Bietti, 1967.

Olds, Sharon. "The Call." *The Kenyon Review*, New Series, Winter 1981, 3.1. http://www.kenyonreview.org/kr-online-issue/weekend-reads/sharon-olds-763879/. 26 May 2015.

Polo, Marco. *The Travels*. Trans. and Intro. Ronald Latham. New York: Penguin, 1958.

Rimanelli, Giose. *Benedetta in Guysterland: A Liquid Novel*. Montreal & New York: Guernica, 1993.

_____. *Biglietto di terza*. Milano: Mondadori, 1958; New edition: Welland (Ontario), Canada / Lewiston, New York.: Soleil Publications, 1998

_____. *Il mestiere del furbo*. Milano: Sugar, 1959.

_____. *Textual, ovvero Da una sponda all'altra (due storie)*. Unpublished novel.

_____. *Tiro al piccione*. Milano: Mondadori, 1953; New edition: Sebastiano Martelli, ed. Torino: Einaudi, 1991.

Giose Rimanelli's *Tiro al piccione*
And the Return to the Beginning

Mark Pietralunga
FLORIDA STATE UNIVERSITY

In revisiting Giose Rimanelli's various correspondence over the years, I am reminded of two letters that Italo Calvino wrote to friends and collaborators of Cesare Pavese as he began preparations of the Einaudi edition of the Piedmontese writer's epistolary that would eventually be published in 1966. In the first of these letters, dated 13 April 1964, Calvino writes Bianca Garufi, Pavese's close friend and co-author,[1] and addresses the epistolary's significance: "Sarà una grossa cosa, per quantità e per importanza e per qualità, dato che Pavese è stato uno degli ultimi scrittori che abbiano saputo esprimersi attraverso le lettere: anzi: c'è molto di Pavese che le lettere e solo le lettere possono ridarci [...].[2] And in a letter of June 1965, Calvino contacts long-time Einaudi contributor Giorgia Valesin and refers to Pavese's work ethic: "tendiamo per ora a raccogliere tutto; anche le lettere più 'amministrative' in cui si parla solo di bozze e di pagamenti, perché anche quelle servono a documentare un aspetto della vita di Pavese: il Pavese lavoratore accanito e preciso anche nei compiti più modesti."[3] Much like

---

[1] Garufi and Pavese co-wrote the unfinished novel *Fuoco grande*, published after the latter's death in 1959.

[2] The unpublished letter is located in "Bianca Garufi" files at the Einaudi Archives in Turin.

[3] See Mark Pietralunga, "Celebrating Cesare Pavese's Centenary: The Vitality and the Seriousness of Literature," *Cesare Pavese a San Francisco: Incontro per la celebrazione del centenario della nascita. Atti del Congresso, 24-25 ottobre 2008*, ed. Christopher Concolino (Florence: Franco Cesati Editore, 211) 20.

the letters of his literary "godfather" Pavese, Giose Rimanelli's correspondence offers a unique perspective and insight into Rimanelli, molisano, ex-seminarian, ex-soldier of the RSI, emigrant, exile, expatriate, survivor, and "fanatico del pennino"; moreover, these letters allow us to appreciate that principle of determination, seriousness and discipline that remains the foundation of his writing. What strikes one about his letters is the honesty and sincerity of their content, their confession-like nature, and a compelling need to communicate.

Therefore, it seemed only natural that in response to an invitation to participate in a conference entitled "L'Onore delle Armi": Atmosfere e letteratura della 'parte sbagliata," sponsored by the cultural association Attraversamenti, held in Rome on 23-24 of November 2002, Giose Rimanelli opted to write a letter, dated 24 August 2002, to the organizer Paolo Zanetov.[4] The two words "parte sbagliata" from the conference's subtitle serve as a source of inspiration for Rimanelli's letter. It is in fact these same two words that Rimanelli uttered to Cesare Pavese the first time the two met at the Gelateria Giolitti in Via Uffici del Vicario in Rome one evening in January 1950. On that occasion, Rimanelli proposed to Pavese, who also served as editor and consultant for Einaudi Publishers, a novel that had already been read by Francesco Jovine, Natalino Sapegno and Carlo Levi, and was now sitting in the drawer of critic Carlo Muscetta, then director of Einaudi's Rome offices, which were located in the upper floors of the Gelateria. Pavese asked the young writer what the novel was about, to which Rimanelli replied: "È la storia di un ragazzo della mia età che vede la Resistenza dalla parte sbagliata." Hearing this,

---

[4] Rimanelli sent me an unpublished copy of his presentation "Convegno 'Attraversamenti' Lettera a Paolo Zanetov," on February 13, 2005. I am referring here to this copy. Parts of Rimanelli's presentation appear in Mark Pietralunga, *"Tiro al piccione* di Giose Rimanelli e il ritorno agli inizi: la corrispondenza completa tra lo scrittore molisano e l'editore Giulio Einaudi," *Campi immaginabili* 46/47 (2012): 270-325.

Pavese quickly answered: "Me lo mandi subito!" Before summarizing the often recounted events surrounding his first novel, Rimanelli cautiously justifies his willingness, and perhaps need, to retell the story of *Tiro al piccione* to Zanetov: "Roba vecchia, oggi, spesso ri-raccontata dai critici, ora per accarezzare e ora per schiaffeggiare. Capita ai meglio! Ma ricordare non è mai una perdita, se la memoria del vissuto può ancora assisterci."[5]

Soon after receiving the manuscript from Rimanelli, Pavese, in a well known letter of May 11, 1950, writes Muscetta, expressing his positive evaluation of the novel. Despite his reservations concerning its excessive sentimentalism, Pavese explains his reasons for recommending its publication:

> Il libro, a mio parere, non è un libro politico – non vi esiste il caso del fascista che si disgusta o converte; bensì il giovane traviato, preso nel gorgo del sangue, senza un'idea, che esce per miracolo, e allora comincia ad ascoltare altre voci. È una tesi notevole e tale da interessare tutto il mondo, non solo gli italiani. Io sono per stamparlo, questo libro, ma bisogna fare i conti con Calvino e Vittorini.[6]

With Pavese's death a few months later, "fare i conti con Calvino e Vittorini," along with other members of the Einaudi advisory board, proved to be an editorial nightmare for Rimanelli, who would eventually rescind his contract with the Turin publishing house, and, perhaps in a not so ironic twist of fate, publish his manuscript with Mondadori, on advice from Vittorini, who was also serving as consultant with the Milanese publishing firm.

In his letter to Zanatov, Rimanelli notes that in the years immediately following the publication of his novel, he was often asked the question: "Da quale parte stai?" To which, he would

---

[5] Ibid.
[6] Cesare Pavese, *Lettere 1945-1950* (Turin: Einaudi, 1966) 521.

respond "Nessuna." Rimanelli then attempts to define the significance of that "Nessuna":

> Ero solo e disperato, senza idée e senza compagni. Nessuno sa-
> peva – specie quelli della mia stessa età – che da ragazzino ero
> stato inviato in un seminario per diventare sacerdote, e proba-
> bilmente missionario. Avvenne la guerra d'Africa, avvenne la
> guerra civile spagnola, avvenne Croazia e l'Albania e la Grecia e
> io non ne seppi mai nulla: cioè non ne volli mai saper nulla. Sa-
> pevo solo che in guerra si muore, per una ragione o no. E questo
> mi ripugnava. Solo vedere il sangue che cola dal naso, o che fiot-
> ti dal maiale ammazzato mi ripugnava, mi ripugna.[7]

Rimanelli traces the events in his life soon after September 8, 1943:
those events that will mark the life not only of a young man who
is barely eighteen, but also the entire course of his existence. Perhaps desperate to leave the remote village life in Cascalenda, Molise and yearning to catch a glimpse for the first time of the sea, he
jumps on a German truck in retreat after the allied landing in Salerno and ends up in northern Italy, in Padua, where he will eventually enroll in the ranks of the RSI. Although there were those
who still believed in Fascism, there were many others, like
Rimanelli, who believed in nothing but their own survival. It is
here that Rimanelli draws the distinction between his civil war
and the civil war of others:

> È in effetti da qui che inizia la mia guerra civile, l'età adulta, rap-
> presentata da *Tiro al piccione*, ma devo anche aggiungere, con
> questa fondamentale differenza: le guerre civili si basano su idée
> mentre io, in verità, non ne avevo; e per restare in vita dovetti so-
> lo rischiare la mia vita, difendere me stesso dal caso, ecco perché
> quel mio romanzo è fatto di fughe (dal seminario, da casa, dai

---

[7] Rimanelli letter to Zanetov (See footnote 1).

nazisti, dai fascisti, dagli americani) e drammatica intima crescita nel sangue che scorre da ogni parte.[8]

In his epistolary exchange with Enrico Cestari, a fellow soldier of the "M" battalion of the Tagliamento legion, Rimanelli explores the significance of the "guerra civile" in the context of the events surrounding the publication of his novel. Rimanelli reaffirms that no one at the time of the novel's publication wanted to acknowledge that it was a testimony that concerned everyone, "rossi e neri e liberali e repubblicani e qualunquisti ed azionisti: trattava di guerra civile!"[9] However, Rimanelli indicates that, although he spoke about a civil war with the anguished meditation of "dov'è l'Italia, qual è la vera Italia?" (22), no one, he asserts, would admit openly that it had existed. This is where, he adds, his novel's greatest obstacle was to be found: "[...] il solo concetto di un ragazzo che aveva scritto un valido libro sulla guerra civile, dalla parte sbagliata, quella 'repubblichina', era inaccettabile all'epoca" (23). In his correspondence with Cestari, Rimanelli declares that the injustice surrounding his first book seemed almost supernatural and, consequently, difficult to comprehend. The experience with Einaudi, writes Rimanelli, "ebbe in me l'effetto della fucilata che, invece, mi risparmiò durante la guerra partigiana" (25). The experience of being on the "parte sbagliata" continued to haunt Rimanelli to the point that he would ask himself: "Sono veramente un uomo sbagliato." He tells Cestari that his response to this stigma was to continue to write and that at the root of their epistolary reconnection after so many years was a desire to learn who we are, not as a group, but as individuals. Despite emerging from the war safe and sound, Rimanelli reveals that he felt as if he had been liberated from Auschwitz. The shock of the war experience had al-

---

[8] Ibid.
[9] Giose Rimanelli and Enrico Cestari, *Discorso con l'altro. Salò, la guerra civile e l'Italia del dopoguerra* (Milan: Mursia, 2000) 22.

ways been, and still remains, what he attempted to express in his novel *Tiro al piccione* and what he has subsequently tried to heal and ease by writing books, traveling, and maturing.

Rimanelli's reference to Auswitz, combined with the need to tell his story and invite others to participate in this experience, recalls the words of Primo Levi in his preface to *Se questo è un uomo* when he describes how the basis for his book had been inspired by a need to tell others about the Lager:

> [...] il bisogno di raccontare agli "altri", di fare gli "altri" partecipi, aveva assunto fra noi, prima della liberazione e dopo, il carattere di un impulso immediato e violento, tanto da rivaleggiare con gli altri bisogni elementari; il libro è stato scritto per soddisfare a questo bisogno; in primo luogo quindi a scopo di liberazione interiore.[10]

In the poem that Levi inscribes as an epigraph on the first page of his book, he instructs readers to consider, remember, and meditate on the degree of suffering and degradation of the victims of Auschwitz and to live continuously this consideration. Similarly, Rimanelli, in his letter to Cestari, stresses the importance of communicating and revisiting, even after many years, their experiences of the civil war: "L'importanza, ripeto, resta confinata a quest'atto solo: ricordare per meditare, considerare, imparare."

Rimanelli recounts that for years he had been held captive by two oppositions: "Salò/Resistenza" and "Repubblichino/Partigiano." He then asks Cestari if he is familiar with the narrative works of Pavese, who had written about the latter opposition:

Sul soggetto "partigiano/repubblichino" Cesare Pavese aveva scritto un romanzo,

---

[10] Primo Levi, *Se questo è un uomo* (Turin: Einaudi, 1993) 8.

La casa in collina. Qui un professore, di nome Corrado, che non è coinvolto né coi fascisti né coi partigiani vede per le colline morti fascisti e morti partigiani: sono generalmente tutti giovani. E medita sulla morte, non su chi ha ragione o su chi merita di essere ucciso (65).

This reference to Pavese prompts Rimanelli to revisit his description of *Tiro ul piccione* as the simple story of a young man who sees the Resistence from the wrong side, when in that distant January of 1950 he delivered the manuscript to the Piedmontese writer. Rimanelli repeats to Cestari that his novel does not talk about ideals nor does it teach young men of his age how to kill. He also feels compelled to clarify once again what he meant by "parte sbagliata":

E dico a Pavese 'parte sbagliata' solo nel senso che i fascisti avevano perduto, e con essi i tedeschi: gente in mezzo ai quali io ero capitato per mia malasorte, e dai quali fuggii, col rischio d'esser fucilato. E questo perché non avevo un'agenda politica, cioè ideali fascisti o idee rivoluzionarie marxiste. A vent'anni io conoscevo appena il Medioevo del *Pater noster*, un pochino di Agostino e Bonaventura, la forma poetica della *pastorela* provenzale e della *coblas estrampas*. Non avevo idee. Ero in pratica un ignorante, ma non più ormai tanto ingenuo. Dissi "parte sbagliata" perché la parte giusta, in politica, è sempre quella che vince. (*Discorso con l'altro*: 66)

Rimanelli's candid admission to not having a political agenda points to one of the factors behind Pavese's interest in *Tiro al piccione.* Moreover, it highlights a similar dilemma of the failure to choose a side that torments Corrado, the apolitical liceo teacher of Pavese's novel *La casa in collina.* Rimanelli's analysis of Pavese's novel probes the author's treatment of this dilemma and the moral underpinnings of the Italian civil war. In his study Rimanelli considers the character of Corrado as an individual who has arrived at maturity during the fascist regime and is convinced of the futility of any commitment whatsoever and of any kind of participation in a social movement. Corrado's solitude, according to Rimanelli, becomes a necessity and, in seeking refuge in the countryside, he attempts to relive his childhood. However, the war invades Corrado's protected world and forces him to reflect upon its consequences. Rimanelli recalls Corrado's words as he assumes an awareness of the terrible suffering of the world and an extraordinary consciousness of himself and of things around him:

> [...] I have looked on dead, who are unknown to me, the dead of the Republic. It was seeing them that awakened him. If a stranger, a dying enemy has this effect, and one stops and is afraid to stride over his body, it means that even conquered, the enemy is still a human being, that having shed his blood, we must placate it, lend it a voice, justify whoever has spilt it [...][11]

For Corrado, we owe it to the sullied corpse, because every war is a civil war; every man who falls resembles the one who survives and calls him to account. Pavese closes his novel with similar doubts to those of Rimanelli:

> Now that I have seen what war, civil war is, I know that if it should finish one day, everybody will have to ask himself this question, "And what about those who have fallen? What do we do about them? Why are they dead?" I would not know what

---

[11] The unpublished manuscript, *Cesare Pavese. A Critical-Analytical Study by Giose Rimanelli*, is located in the Fondo Rimanelli at the State Archives of Campobasso: 152. For a brief history of this monographic study, see Sebastiano Martelli's essay "Rimanelli e Pavese: Dall'Italia in America con uno 'scrittore nella valigia" in *Leucò va in America. Cesare Pavese nel centenario della nascita. An International Conference Stony Brook, NY, 13-14 marzo 2009*, ed. Mario Mignone (Salerno : Edisud : Stony Brook, NY : Forum Italicum Publishing, 2010) 194. The publications of both the English and Italian versions of the monographic study are forthcoming.

reply to make. Not at present anyway. Nor does it seem to me that anyone else knows either. Perhaps only the dead know and only for them is the war really over. (*Cesare Pavese. A Critical-Analytical Study*: 31)

What is prevalent throughout the novel *Tiro al piccione* is the sense of nausea, a seemingly unconscious order, and an uncertainty toward the horror and daily atrocities of war, atrocities committed by both sides—in the name of values of which the protagonist Marco Laudato had no clue, beginning from the moment he first joined as a "volontario" in Venice. Rimanelli captures the conditions of uncertainty in the following lines from his novel:

Eravamo in una grande sala nuda, gialla; solo in due punti di essa c'erano due tavoli ai quali sedevano due uomini che scrivevano. Sulla loro testa, in alto, c'era un grande quadro del Duce con l'elmo e le labbra appuntite, evidentemente rimesso li' da poco, perche' era fissato con delle spille. Gli uomini che riempivano la sala [...] prendevano i nomi, la paternità la maternità lo stato civile [...]. Quando anch'io arrivai al tavolo sotto il ritratto del Duce, l'uomo che vi sedeva dietro non sollevò la testa. Ripetè solo e monotonamente delle domande che sapeva a memoria. Le mie risposte le segnava su di un foglio lungo, lucido, con una grande intestazione. Quando gli dissi tutto, l'uomo chiese se ero contento di arruolarmi. Io non risposi. Guardavo la nicotina gialla che gl'imbrattava le dita che tenevano la penna. L'uomo ripetè la domanda e io dissi no. Allora l'uomo alzò la testa grigia e mi guardò. Aveva occhi di vetro azzurro, fermi nel viso. Disse lentamente: "E perché sei venuto?"[12]

That "Perché sei venuto?" is a question that Rimanelli often addressed long after it was first posed. This question, of course matured over the years, appears to be at the root of his decision to

---

[12] Giose Rimanelli, *Tiro al piccione* (Turin: Einaudi, 1991) 36.

accept Zanetov's invitation to participate in the conference *"L'Onore delle Armi"*. Rimanelli writes in his letter to Zanetov:

> L'Onore delle armi, infine, che vada pure a coloro che ci hanno creduto, anche se quella risulto' essere la 'parte sbagliata', ed è giusto che così sia: ognuno deve lavare le proprie ferite in un tempo di pace che prevede una coscienza di pace nel Paese, anche per coloro come che in quella stagione di morte di tanti anni fa ci sono 'caduto dentro' come la bella terrorizzata nel bosco che, sveglia finalmente ma esule per i fatti suoi, ha potuto bene dire c'ero anch'io lì. Ho comunque tanti ????? circa questo convegno. Ci vengo per questo [...]: sono gli interrogativi che molto spesso mi spingono a scrivere.[13]

Among the questions that Rimanelli has often asked himself, perhaps stemming from that first "Perché sei venuto?" or the subsequent "da che parte stai?" are "Chi sono?", "Perché sono qui?", "Perché ricercare le radici?" and "Che fare?" These questions are part of an urgent need to converse, to correspond with others through letters, and to write and talk about literature, which, in turn, represents an act of faith in certain human values and in certain human aspirations aimed at defeating, even if it be through poetry, a living hell. An example of this urgent need to converse is revealed in his correspondence in the period between 1960 and 1966 with Davide Lajolo, the former editor of *L'unità* and author of Cesare Pavese's biography *Il vizio assurdo*. In one of his letters, dated the 16 April 1964, Rimanelli informs Lajolo that he has received the latter's book *Il voltagabbana*, which narrates the events surrounding the author's "conversion" from a fervent fascist military officer to a much admired leader of partisan forces during the Resistance:

---

[13] See footnote 1.

> Ho ricevuto alcuni giorni fa *Il voltagabbana,* e te ne ringrazio di cuore. Lo leggo a pizzichi e a bocconi (ma attentamente) perché siamo sotto esami, e ho anche delle tesi da leggere e da correggere. Sono arrivato alla Guerra di Spagna e a Garcia Lorca. Non posso ancora formulare un giudizio. La storia della povertà è però grande, vasta, profonda, che ti arriva negli interstizi della memoria trapassandoti la pelle. È la storia di tutta l'Italia povera, i cui figli sono dovuti finire o soldati di professione o preti di professione o emigranti. Sotto altre forme quel tuo racconto ha parlato anche a me personalmente e alla mia famiglia.[14]

Three weeks later Rimanelli, having completed *Il voltagabbana,* writes a more detailed commentary of Lajolo's work. In his letter of 8 May 1963 Rimanelli mentions his own experiences of being on the "parte sbagliata" during the war, of his life as an exile, and of his work as the only way of overcoming adversity and as his only source of obtaining some meaning for his existence:

> [...] ho finito di leggere *Il voltagabbana.* Mi ha scavato nell'animo un vuoto di vent'anni. Apppena ieri. E mi ha ridato le torture e i rimorsi di coscienza di allora, che nemmeno l'avere scritto *Tiro al piccione,* quella confessione e remissione, riuscì a lavare del tutto. Quando mi conoscesti con Anna Gobbi a Milano, e poi descrivesti in un articolo, ero duro e onesto e vissuto e giovane. L'essere stato repubblichino mi faceva ancora arrossire di fronte alle offese, quelle degli altri. E mi portavo addosso una malinconia profonda che sapevo di poter superare solo attraverso il buon lavoro e la vita giusta [...] Il rimorso è questo: non sono riuscito, nonostante le premesse, a dare un significato alla mia esistenza. Gli errori sono sempre più violenti delle giuste indicazioni. C'è una cosa che resta: non ho mai perduto l'onesta (112).

---

[14] Mark Pietralunga, *Giose Rimanelli an Honorary Piedmontese,* in *Rimanelli,* ed. S. Martelli (Stony Brook, Forum Italicum Publishing, 2000) 111.

At the "raggiunto tramonto dell'arco della mia vita," as Rimanelli has defined the latter phase of his life, he has often found himself meditating his beginnings, much of it linked to that first novel *Tiro al piccione*, and much of it linked to what that first novel meant to him long after it had been written. It is a lesson of determination and the opportunity to give a strident voice to the poor and disenfranchised. However, it also appears to reflect an almost anthropological impulse to participate in a journey, much like what Rimanelli identifies in Pavese's first work *Lavorare stanca*. It is a journey into the seemingly unconscious, which, to use Rimanelli's words, "brings one back to the beginnings and thus to a new start, a re-vification" (*Cesare Pavese. A Critical Analytical Study*: 199).

By returning to his beginnings, Rimanelli has found a way to overcome, or better yet come to terms with that "malinconia profonda" of being on the wrong side, be it as a "repubblichino" or as a poor emigrant, and find a meaning and a reason for his existence, through an almost Franciscan devotion to writing and to literature.

Fundamental to this devotion to writing and to literature are the years that Rimanelli spent in the seminary. In the volume *Discorso con l'altro*, Rimanelli, inspired by Cestari's question about that experimental nature in his writings, responds to his fellow interlocutor by sharing his personal experiences of his childhood when he found himself in a seminary in Puglia "con sandali francescani":

> Venni educato in seminario. Dovevo cantar messa e, possibilmente, essere mandato in terre lontane come missionario. C'erano sempre tante cose da fare, oltre lo studio. La disciplina era ferrea. Suonavo l'organo alle funzioni e l'harmonium, che è una specie di piano, e componevo musica. Scrivevo barcarole. Ero curioso, leggevo anche di notte, sotto le lenzuola, con una

pila tascabile. Rispettavo le regole e allo stesso tempo le infrangevo. Infine andai via. Mi mandarono via. Ero scontento di me stesso, volevo morire. Andai via anche di casa e finii nella guerra. Ma devo ringraziare quegli anni di seminario. Mi inzeppai un po' di tutto, cominciai a scrivere romanzetti su mondi lontani che distribuivo agli altri seminaristi, spesso scandalizzandoli, e leggere nascosto letterature straniere [...] La fortuna dà le ricchezze, lo studio gli onori. (*Discorso con l'altro*: 207-208)

About the same time of his correspondence with Cestari, Rimanelli highlights his experiences in the seminary in two other autobiographical works, *In nome del padre*[15] and *Familia: Memoria dell'Emigrazione*.[16] In his introduction to the latter work, Luigi Fontanelli draws the reader's attention to Book Two, entitled "Core care: Emigrazione come Destino," and points to three key themes that animate these pages: exile, return, and destiny (10). In the chapter entitled "I monaci," Rimanelli recalls the Gregorian chants of the seminary, the priests who had the greatest influence on him while there, and the events leading to the end of his religious vocation. He concludes by referring to the end of this vocation and to his subsequent life's journey:

> Con Padre Ciro e Venanzio finì anche la mia vocazione di futuro missionario francescano, per incamminarmi verso i veri triboli della vita, e in particolare del mio mondo:
> la *fuga* – che identificai come libertà dai crogiuoli;
> la *scoperta* – che identificai come educazione sociale e sentimentale;
> la *crescita* – che identificai con la responsabilità, i doveri;
> l'*emigrazione* – che identificai come esplorazione, ricerca della verità

---

[15] Michele Castelli, Torquato S. Di Tella, and Giose Rimanelli, *In nome del padre* (Isernia: Cosmo Iannone Editore, 1999).
[16] Giose Rimanelli, *Familia. Memoria dell'emigrazione* (Isernia: Cosmo Iannone Editore, 2000).

soprattutto in me stesso, e anche transito, passaggio nell'individuale esilio. (99)

In a footnote at the end of this chapter, Rimanelli tells us that, in a later visit to his hometown of Cascalenda, two former companions from his seminary years gave him a copy of Pope John Paul II's encyclical letter *Fides et ratio*. In it Rimanelli found lines that corroborate some of his own beliefs, particularly in reference to his views of emigration as exploration and the continual search for truth:

> [...] malgrado la fatica, il credente non si arrende. La forza per continuare il suo cammino verso la verità gli viene dalla certezza che Dio lo ha creato come un "esploratore", la cui missione è di non lasciare nulla di intentato nonostante il continuo ricatto del dubbio. Poggiando su Dio, egli resta proteso, sempre e dovunque, verso ciò che è bello, buono e vero. (99)

Though the temptation to doubt has always been present in his life's journey, Rimanelli's desire to leave no stone unturned and the need to reach out to others have remained at the foundation of his mission. Linked to Rimanelli's destiny, as Fontanella reminds us above, is the theme of the return. It is a return to that original place of rebellion armed with a maturity, a sense of accomplishment, a determination, and a strong belief in reason that refuses to surrender. In a letter to Italo Calvino, dated 15 March 1966, Rimanelli announces the fruits of his labors to the Einaudi consulting editor and describes how his life's journey and destiny have followed the path of the Calvinist Pilgrim fathers:

> [...] i padri pellegrini calvinisti, in momenti tragici di ribellione, come sai, dall'Europa si trasportarono in America dove vi hanno oziato costruendo città, università e biblioteche; ma poi in Europa tornarono, e non del tutto disarmati come ne erano partiti. Io

ho seguito un po' la loro rotta e anche parte del loro destino. Quanto a tornare in Europa, c'è un romanzo che spero vi rimbalzi presto; e quanto all'Italia c'è un libro critico su Pavese che spero vi rimbalzi ancor prima [...][17]

With his usual sincerity and with a survivor's burning desire and determination to tell his story, Rimanelli affirms his destiny as a writer and confesses to Zanetov how those first experiences in his life continued to inject him with life some sixty years later.

Io ho vissuto la nuova storia senza tuttavia associarmi ai partiti politici [...] ho cercato solo di affermare la mia presenza di scrittore, storicizzando soprattutto i poveri, coloro che non possono difendersi, quelli che infine emigrano, vanno via... E così anch'io sono andato via. Per vivere ci vuole una ragione, e questa io la trovai andando via, restando uccello di bosco, ingaggiato e allo stesso tempo libero, mitizzando da scrittore un'unica vecchia idea a me possibile: l'*ora et labora* della mia prima esperienza divita: il seminario. È comunque solo e sempre quella mia prima esperienza di vita che ancor oggi mi porta alla vita: l'informazione, cioè lo studio, la lettura.[18]

---

[17] See M. Pietralunga, *"Tiro al piccione* di Giose Rimanelli e il ritorno agli inizi,"* 320.
[18] See footnote 1.

Un viaggio di maturazione: osservazioni sull'uso della prima persona in *Tiro al piccione* di Giose Rimanelli

Maria Rosaria Vitti-Alexander
NAZARETH COLLEGE

Tiro al piccione esce per la prima volta nel 1953 con la casa editrice Mondadori. Stando a fonti verificabili il manoscritto, entusiasticamente accettato da Cesare Pavese, sarebbe dovuto uscire quattro anni prima con la casa editrice Einaudi. Dunque se le cose non fossero cambiate con la morte di Pavese nel 1950, il romanzo rimanelliano avrebbe trovato posto tra i numerosi memoriali che invasero il mondo letterario nell'immediato dopoguerra. Giorgio Pullini nel suo libro intitolato *Romanzo italiano del dopoguerra*, in referenza a questa valanga di racconti bellici, scrive: "la guerra ha imposto alla coscienza e alla memoria dei singoli protagonisti la necessità di fissare nel documento narrativo le fasi della propria avventura e come ciascuno ha sentito il bisogno di chiudere l'esperienza salvandone la memoria come del fatto più eccezionale della sua vita e ad ammonimento drammatico per il mondo responsabile" (151-2).

La maggior parte di queste novelle, romanzi, e memoriali trattava di guerra e più specificatamente della Resistenza italiana contro il Nazifascismo. Dunque scrivere della guerra negli anni '50 voleva dire presentarla dal lato partigiano per mettere in mostra la mostruosità e l'ingiustizia dell'altro lato, quello fascista. *Tiro al piccione* è anch'esso un romanzo di guerra di natura documentaria e confessionale ma, se collocato in questo preciso momento politico, è da vedersi come un romanzo anomalo fuori dalla corrente dominante di quegli anni per l'approccio di presentazione di questa stessa guerra. *Tiro al piccione* tratta della guerra, ma come ci dice lo stesso autore una guerra combattuta dal lato "sbagliato," dalle trincee fasciste. Allora la domanda, come leggere questo romanzo rimanelliano uscito negli anni della letteratura bellica sulla Resistenza?

Prima di entrare nella materia del romanzo bisogna esaminare alcune tecniche narrative dell'opera perché sono queste che ne condizionano la comprensione del contenuto rendendo possibile il compimento dello scopo del romanzo. Strutturalmente *Tiro al piccione* è un romanzo circolare, con Marco Laudato che lascia un luogo specifico, la casa paterna in questo caso, per poi ritornarci dopo un periodo d'assenza. Tale circolarità è ulteriormente evidenziata da due tecniche narrative: 1) dal detentore del punto di vista e 2) dal focolaio narrativo.

In *Tiro al piccione* il narratore, Marco Laudato, è anche il personaggio principale che narra la propria storia. Ma Marco Laudato è inoltre l'osservatore, in prima persona, di vicende e di fatti di cui è stato testimone. Il romanzo è quindi un racconto omodiegetico con focalizzazione interna. In virtù di questa focalizzazione l'informazione viene comunicata in base al punto di vista o alla prospettiva, concettuale e/o percettiva di un unico personaggio. Quando tale focalizzazione viene adottata da un solo personaggio, essa si dice fissa. Nel caso nostro la comunicazione avviene tramite la prospettiva sia concettuale che percettiva di Marco Laudato, focalizzatore di tutto lo sviluppo del racconto. Ulteriore fattore da tenersi in considerazione per lo sviluppo di un romanzo a focalizzazione interna è la riduzione di qualsiasi distanza o interferenza tra il narratore e il lettore. Una tale riduzione favorisce sia il formarsi di un solido legame tra il narratore-lettore che una facile entrata di quest'ultimo nel mondo del romanzo. Allo stesso tempo la distanza ravvicinata rende più credibile la realtà presentata. Dall' incipit di *Tiro al piccione*, il lettore si ritrova ad accompagnare il narratore/personaggio lungo il suo viaggio personale di maturazione, sempre circoscritto dal campo visivo, fisico e psicologico di Marco, focalizzatore unico sia del racconto suo personale, che di quello della guerra, di cui è partecipe e spettatore. Dunque, *Tiro al piccione* è un racconto omodiegetico circolare che sotto l'aspetto di documentazione di un preciso periodo storico di guerra, cela la storia del giovane Marco Laudato, nel suo viaggio di maturazione e di coscienza.

Al lettore quindi, è presentato Marco che fugge di casa pur non sapendo dove andare perché spinto da un malessere esistenziale, e spronato da un'insofferenza per tutto e per tutti quelli che lo circondano, si perde nel labirinto di un'Italia oscura e malata. Marco non è cosciente del male che lo circonda, nella sua innocente immaturità vede solo la sofferenza della sua condizione, vuole allontanarsi dal padre che lo rimprovera la sua fuga dal seminario, e dal suo immobilismo presente: "Vuoi toglierti da quei vetri? (...) Maledizione ai figli che diventano bastardi"; dalla madre che vorrebbe la smettesse di vedersi con Giulia e si togliesse dalla sofferenza di quella situazione impossibile: "Allora devi incominciare a levarti dai vetri. Dio, come sono sventurata! Prima te ne torni dal collegio. Dici che farti prete non ti va, dici che hai perso la vocazione, stando coi preti. Tuo padre si fa cattivo, grida e insulta tutti. Ma adesso ci mancava la storia dei camion per completare l'opera?" Marco vuole fuggire da Giulia che lo trattiene con il tumulto dei sensi, e finanche dal fratello che gli fa pesare il fatto che lui, contrariamente a Marco, lavora, e anche tanto: "Mi prendi per scemo? Ho le spalle rotte e gli occhi che non ne possono più. Non mi chiamo Marco, io, per non lavorare" (14). Triste e senza soluzione si presenta la condizione del giovane psicologicamente schiacciato dal vuoto che si sente intorno. Deve andare, scappare pur senza meta, andarsene e basta, è l'unico pensiero fisso ormai nella testa di Marco, ed il rumore dei camion tedeschi in fuga che passano ogni sera in lunghe file attraverso le strade del paese si fanno richiamo, suono ammaliante, come quello del piffero magico che promette qualcos'altro: "non riuscivo a staccarmi dalla finestra. La finestra era un ponte tra me e quei rumori." Dopo un ultimo incontro con Giulia finalmente Marco risolve di lasciarsi tutto alle spalle, deve andare, trovare se stesso e colmare il vuoto del suo presente. "Il rumore dei camion, adesso, era vicinissimo. Mi pareva che la casa dovesse crollare" (18), e Marco in uno stato ipnotico fugge. Alla vista di uno di quei camion tedeschi fermo Marco si avvicina, senza chiedersi nulla, né dove vanno, né perché passano di notte. Alla domanda di uno dei tedeschi: "Vuoi dove andare?" Marco non sa spiegarsi, non ha risposta: "Feci un segno vago, in direzione del mare che non si vedeva." (22). La sua fuga e solo un abbandono di tutto quello che lo circonda, che lo fa soffrire, non ha meta il giovane Marco, ed il mare, che non ha mai visto, e il primo pensiero di un possibile arrivo. Per puro caso Marco finisce la sua sfortunata corsa a Venezia, citta che ha da sempre simboleggiato la vita e la morte, diventa per il giovane la destinazione tragica di questa fuga, e dove si deciderà il destino del giovane.

Da Padova a Venezia, accompagnato da una valigetta lasciatagli da uno dei soldati scappato dal fronte e che lui ha preso perché: "ad averci qualcosa per le mani, mi sembrava d'essere meno nudo" la fuga senza riflessione di Marco continua in una solitudine inquietante. Neanche il mare che finalmente vede riesce a colmargli il vuoto dentro, "non sapevo ancora dove sarei andato. La nebbia avanzava sempre sul mare e presto sarebbe venuta la pioggia" (36). Marco senza "riflettere" continua a muoversi, operare. Al suono dei camion che lo avevano "stregato " si sostituisce adesso il "chiacchierare" di due giovani, ed a questi che Marco si accoda seguendoli come in un sogno. "Non mi accorgevo della strada," afferma, il suo pensiero è tuttora intrappolato nel luogo e tra le persone dalle quali è scappato: "ed ecco che fuori vedo Giulia sul caposcala come un cane in mezzo alle mosche poi mi fermo al distributore e tu stai dietro la finestra senti io me ne fotto di voi e di tutti...zitto Michele penso che andrò via penso sempre che da qui andrò via...zitto Michele...zitto Michele..." (12). La sua mente in totale catalassi continua a far scorrere lo stesso fotogramma, Giulia che vorrebbe trattenerlo con il sesso, la voce della madre che lo sprona a staccarsi dai vetri delle finestre, a scuotersi dal sonno ipnotico che i rumori dei camion tedeschi gli procurano. Ed infine, prepotente, irrompe l'immagine del fratello Michele al quale il giovane Marco aveva annunziato quel suo desiderio disperato di fuga, quella sua voglia inarrestabile di cercare qualcosa che lui stesso non sa, soffocato da una febbre esistenziale alla quale e dalla quale non trova e non può, ancora, avere risposta. Tutto quello che rappresenta la realtà del momento sfugge alla coscienza del giovane Marco che in essa si muove estraneo. La focalizzazione interna si presta a ridurre il campo visivo del lettore, mentre l'interruzione della narrazione cronologica per dar posto a una analessi completa di assenza di punteggiatura, gioca a mettere in risalto certi aspetti e a diminuirne altri. Tale tecnica condiziona il lettore a condividere lo stato mentale del protagonista, l'assoluto vuoto per la situazione attuale e un totale assorbimento con l'insopportabile passato dal quale Marco si è allontanato.

In una Venezia nebbiosa Marco continua il suo vagare incosciente: "Non sapevo ancora dove sarei andato. La nebbia avanzava (...) solo i fischi dei vaporetti bucavano la foschia." Marco va e si ferma, si siede e si rialza come mosso da una forza a lui sconosciuta, cammina senza vedere, agisce senza riflettere. Alla vista di due giovani che gli passano davanti, egli si alza e li segue, e sedotto dal loro cicaleccio entra dietro di loro:

> in una grande sala nuda, gialla; solo in due punti di essa c'erano
> due tavoli ai quali sedevano due uomini che scrivevano. (...) Essi
> prendevano i nomi, la paternità, la maternità lo stato civile, e

quelli che avevano finito andavano a mettersi in un altro angolo della sala (...) Quando gli dissi tutto, l'uomo chiese se ero contento di arruolarmi. Io non risposi (...) L'uomo ripeté la domanda e io dissi di no. (...) E perché sei venuto?

Ma Marco non capisce, continua a seguire un altro discorso, la cantilena delle sue stesse parole dette al fratello il giorno della fuga: "zitto Michele penso che andrò via penso sempre che da qui andrò via." (36).

Il destino di Marco è stato deciso.

Preso dalle Brigate Nere, è costretto a partecipare nella guerra fratricida che dilania l'Italia, ignaro finanche delle cose basiche per sopravvivere. Il primo impatto di Marco con il mondo della guerra è assolutamente disarmante. Parlando ad un soldato lì presente, chiede:

"E noi perché ci hanno portato qui?"
"Voi siete i rinforzi, qui muore molta gente."
Al che Marco risponde:
"Dì, e uno che non sa sparare?" Quello mi guardò con una faccia ironica. Disse: "Tu sei nuovo, eh? Ma non aver paura, imparerai presto, con le sagome umane."
"Con le sagome umane?"
"Le sagome umane" ripeté il soldato. "Vive chi fa prima a sparare, qui. È questione di destrezza." (Op. cit. p. 68).

Il giorno dell'arruolamento di Marco, con successivo trasferimento in un campo di lavoro tedesco, viene descritto come qualcosa che avviene senza coscienza e senza alcuna riflessione da parte sua. La nebbia dell'intelletto cancella volti e cose, il presente né lo conosce né si interessa a capirlo. All'affermazione di un altro giovane arruolato: "Brigate Nere. Bel corpo, eh?" Marco risponde: "Eh, sicuro." Ma subito si dice: "ma non sapevo in realtà cosa fossero le

Brigate Nere. Non ne avevo mai sentito parlare fino a quel momento" (44).

Il periodo dell'immediato dopoguerra, ha visto il trionfo di una corrente filosofica moraleggiante, la cosiddetta filosofia Manichea. Una filosofia che voleva vedere le cose, il mondo e gli uomini che lo inabitano sotto la luce di due principi regolatori, il principio del bene e quello del male. Nel romanzo *Tiro al piccione* risulta assente una qualunque applicazione di manicheismo. Marco Laudato nel focalizzare le sue esperienze di guerra si attiene piuttosto a mostrare i mali della guerra, non mali di fazione o partito, ma mali in senso universale, comuni a tutte le guerre distruttive. Questa assenza di manicheismo sembra intenda voler dare alla voce di Marco una qualità dilatabile, che possa proiettare la sua realtà in un piano universale fino ad acquistare sonorità di grido di dolore di tutto un mondo sofferente. La voce di Marco vuole articolare il dolore di tutti quelli che come lui si sono ritrovati a dover combattere per un ideale che non c'era, lotta ancora più difficile nel buio di ideali assenti .

> "Forse tutti noi di questa epoca siamo carne bruciata. Riflettere ci uccide e abbiamo poca gioia e molta infelicità nel cuore che ci duole (...) Ora, con questo nostro male, volevamo rimpastare le nostre coscienze, e ci hanno vestiti di stracci. Hanno raccolta la polvere antica e ce l'hanno buttata addosso, e di noi hanno fatto le nuove legioni, ci hanno riempito la bocca di canti e ci hanno detto di andare. Andare! Ma andare dove? Non abbiamo mai capito dove dovevamo andare. Ci hanno mandati a morire, a morire massacrati, tutti insieme." (44)

Ma era stata proprio "quella voglia di andare" che aveva spinto e fatto dannare Marco; lo aveva spinto a fuggire di casa, e fatto dannare in una guerra fratricida più grande di lui. E, alla voce di Marco che ritraccia il suo disperato viaggio di coscienza, il Rimanelli fa coincidere uno stile, un linguaggio estremamente scorciato, secco essenziale, unico linguaggio capace di rendere le traversie vissute.

La focalizzazione interna della struttura del racconto manipola ulteriormente il lettore a cogliere dalle sfumature religiose implicite nel nome assegnatogli, l'innocenza e la credibilità del personaggio. Marco è anche il nome dell'apostolo Marco, quell'apostolo che con il suo Vangelo ci avvicina più degli altri alla verità del Cristo di Nazaret e di quello che il suo viaggio su questa terra ha voluto significare. Al cognome Laudato fanno eco i versi innocenti, ma pur forti nel loro messaggio, del frate povero, San Francesco, che nella sua gentilezza, modestia e ingenuità volle donare tutte le sue ricchezze per poter, da povero, indicarci la giusta via:

> Laudato sii, mio Signore, con tutte le tue creature,
> Laudato sii, per sora Luna e le Stelle,
> Laudato sii, per frate Vento,
> Laudato sii, per sora Acqua,
> Laudato sii, per frate Fuoco,
> Laudato sii, per nostra madre Terra,
> Laudato sii, per quelli che perdonano per il tuo amore
> Laudato sii, per sora nostra Morte corporale

Arrivati a questo punto bisogna chiedersi di nuovo quale fosse veramente lo scopo di questo romanzo e la risposta diventa chiara con la conclusione del viaggio di Marco. Abbiamo dunque detto che *Tiro al piccione* è un romanzo circolare con il ritorno del protagonista allo stesso luogo di partenza. Il viaggio di Marco Laudato, iniziato a casa, si conclude con il ritorno a casa. Nelle pagine del rientro la narrazione cattura simultaneamente la realtà interna del personaggio con quella del mondo circostante. Tramite questo inter-play molto riuscito, viene rivelato il subconscio di Marco. Le immagini concrete dell'ormai immediato ritorno alla casa paterna suscitano stati d'animo che spaziano dalla disperazione, alla rassegnazione, alla speranza, evidenziandone una cognizione maturata dal dolore e dalla morte. "Adesso sapevo solo di avvicinarmi verso casa. Ma era un ritorno senza gioia" afferma il giovane, e il primo sentimento è uno di disperazione, costernazione per le nuove verità vissute e apprese, e per le quali ora Marco deve re-imparare a vivere. Uno sconforto che il lettore coglie nell'immaginata conversazione con la gente del paese:

"Avrei dovuto dire a loro, a tutti quelli che mi aspettavano:
    –Scusatemi tanto, non l'ho fatto apposta.
Ma quelli poi vorranno che io guardi il sole la mattina e il sole tramontato, e io dovrò dire con la faccia a terra:
    –Scusatemi tanto, non so più guardare.
Ma quelli insisteranno; vorranno che io racconti e rida nelle bar-berie, perché ho visto il mondo e ho fatto la guerra. E io dovrò dire con molta vergogna:
    –Scusatemi tanto, non so più ridere né raccontare. (235)

Il Marco che incontriamo al suo rientro è ben lontano dal ragazzo al quale Simone aveva detto:

"Tu non capisci, perciò è tutto inutile che mi spieghi meglio. (…) Tu provi disgusto della guerra, delle azioni che commettete con-tro la gente, ma non riesci a capire come stanno le cose. Non rie-sci a vedere chiaro. Perciò resti solo un ragazzo in una guerra come questa." (194)

Un senso di rassegnazione trova posto nella coscienza di Mar-co al suo rientro perché adesso egli sa di aver bisogno, ora più che mai, di quel suo paese dal quale ha voluto fuggire, "le vecchie ca-se dalle pietre nere, smangiate dal tempo e dalle acque, (…) impet-tite sui precipizi," gli serve la famiglia che, come ci dice il padre lo ha aspettato: "notte e giorno davanti a questo tavolo, (…) in ascol-to di tutti i passi che entravano nel portone" (235).

111

Sentimenti di speranza, perché deve esserci qualcosa di migliore se nelle macerie di un'Italia distrutta e massacrata dalla guerra fratricida uno sconosciuto gli ha offerto solidarietà. Il giorno della sua fuga dal treno carico di prigionieri, Marco trova rifugio a casa di un uomo che umanamente gli offre da mangiare, da dormire, da vestirsi ed infine gli dà soldi, quei pochi che poteva:

"Per strada l'uomo mi chiede cinquanta lire di occupazione, che tirò fuori da un libriccino da lavoro con tante piccole annotazioni a matita.
  –Ti serviranno in qualche maniera, - disse. – E non mi ringraziare. Ho fatto quello che ho potuto." (234)

All'arrivo a casa, quando si ritrova a dover dare delle spiegazioni sul suo operato, il baratro della non "riflessione" gli si para davanti in tutta la sua gravezza.

"Mi vergognavo, adesso, scendere alla stazione dove la gente poteva riconoscermi. (…) e quando s'alzò la luna dai campi saltai sulla strada. (…) le scalette le feci a salti, di corsa, come se fossi inseguito. (…) quando udivo un rumore di passi mi appiattavo e sentivo la disperazione dentro la gola. (…) Salii senza far rumore, nel buio. Sul pianerottolo ricacciai giù il fiato e tesi l'orecchio (…) Posai la mano sulla chiave, non mi decidevo a girarla (…) di colpo aprii la porta e restai appoggiato allo stipite, guardando angosciato la luce." (237)

Arrivato finalmente a casa e trovando tutti seduti intorno al tavolo Marco si sente paralizzato dalla realizzazione del suo operato, resta fermo sull'uscio "guardando angosciato la luce." È al lacerante grido di dolore e di gioia della madre, che ha inizio il ritrovamento di Marco, la cognizione delle cose fatte e di quelle da dover fare:

appoggiato al muro, con gli occhi chiusi, afferrato alle viscere da un vuoto rotondo, tiepido, disuguale. Quando la vergogna e la paura mi lasciarono, potei poggiare la fronte sulla testa di mia madre, e aspettare che le passasse quel groppo convulso di pianto.

È alla chiusa del cerchio, con il ritorno a casa che il lettore trova la chiave di risposta a questo libro, quale atto di confessione e di spiegazione, ma soprattutto di autocoscienza. Al grido di Marco che soffre tutta la sua pena: "Ma c'entro io con quelli uccisi dai tedeschi?" È con la madre, genitrice e confessore, che Marco trova la forza della confessione:

"Oh mamma! Io sono andato dove non dovevo andare, e ho imparato tante cose. Ho imparato anche come si spara (…) Era come il tiro a segno, e campava chi sparava prima, ma'… (…) Era come se fossi ubriaco, e non avevo molto tempo per pensare a come soffrivo."

Al che la madre risponde:

Tu hai fatto quello che hai voluto e quello che non volevi. Tante cose hai fatto *senza riflettere*. Non riflettesti il giorno che tornasti dal collegio. (…) Io non so se hai colpa o no. Io non so niente. (…) tu sei uno che è voluto andare e ti sei perso nella guerra. Non era una guerra che volevamo noi, ma tu ti ci sei perso lo stesso. Hai fatto tante cose … che ne so? (corsivi miei)

Senza riflettere è l'unico rimprovero che la madre scaglia contro il figlio ritrovato. Al lettore, manipolato dalla focalizzazione interna della narrazione a seguire il ristretto campo visivo del narratore, viene data la risposta di perché questo romanzo: operare "senza riflettere" significa operare senza voler coscientemente prendere delle decisioni, coscientemente e deliberatamente fare delle scelte. Eppure vivere vuol dire scegliere non lasciarsi trasportare dal caso. Marco ha peccato appunto in questo, si è lasciato travolgere dalle circostanze, senza mai imporsi di capire, senza mai riflettere sulle proprie azioni. Il suo soffrire ora è in ciò, perché ciascuno, anche se giovane, porta la propria responsabilità. Il viaggio di coscienza di Marco è terminato, e con esso egli sembra aver capito uno degli obblighi più importanti del vivere:

> Mia madre mi lisciava i capelli, ma pensava a quelli che non sarebbero tornati. Poi mia madre si scosse dal torpore. Uscì dal rettangolo di sole. Disse:
> –Dovrai farti la barba. Dovrai salutare la gente con la faccia pulita.
> –Sì, mà,–allora dissi, e adesso sapevo che era necessario tornare in mezzo alla gente, vestito con i miei panni civili, *e vivere per una ragione*." (corsivi miei)

La condanna della madre sul "non riflettere" del figlio ci riporta al titolo che ho voluto dare a questo breve saggio, *Viaggio di maturazione*. Marco, giovane ed immaturo all'inizio del suo viaggio-fuga che va a scontrarsi con una situazione più grande di lui senza averne coscienza. In *Tiro al piccione* troviamo il narratore/personaggio che scappa, si arruola, impara a fare la guerra e a farsi ferire senza mai veramente "riflettere" sul suo comportamento. È solo al rientro e dopo un viaggio di maturazione e di crescita che Marco capisce quello che ha visto e quello che è stato, ha coscienza della Guerra fratricida che ha dissanguato l'Italia, Guerra alla quale ha dovuto inconsciamente partecipare. Ha imparato, è cresciuto ed ora è pronto ad affrontare la realtà presente, lui reduce di una Guerra che lo ha visto ragazzo e lo ha ridato uomo.

Per rispecchiare completamente la struttura circolare del romanzo *Tiro al piccione*, vorrei anch'io ritornare all'inizio, alle parole del Pullini sui romanzi del dopoguerra, scritti, ci dice il Pullini: "per fissare nel documento narrativo le fasi della propria avventura e come la memoria del fatto più eccezionale della sua vita e ad ammonimento drammatico per il mondo responsabile." Nel caso di questo romanzo di Giose Rimanelli io sono tentata di aggiungere che la scrittura ne è nata dal bisogno dello scrittore di spiegare a se stesso ed a quelli che lo conoscevano, la fuga di quel giorno maledetto sui camion di tedeschi in ritirata.

OPERE CONSULTATE

Mauro, Walter. *Inchiesta sul romanzo italiano*. Roma: Opere nuove, 1960.

_____. *Cultura e societa nella narrativa meridionale* Roma: Edizioni dell'Ateneo, 1965.

Narratori dell'Abruzzo e del Molise. A cura di Giovanni Titta-Rosa & Giuseppe Porto. Milano: Mursia, 1971.

Pullini, Giorgio. *Romanzo italiano del dopoguerra*. Milano: Mondadori, 1961.

Rimanelli, Giose. *Tiro al piccione*. Torino: Einaudi, 1991.

Una rilettura dell'autobiografismo nell'iter letterario di Giose Rimanelli

Antonio Carlo Vitti

INDIANA UNIVERSITY

> Le lingue, per me, furono porte allo studio di mondi esotici, fuggire da me e dal mio italiano, crearmi ciò che poi divenne lo stemma della mia vita: *Alien*
>
> (Rimanelli)

La lunga esperienza letteraria dello scrittore Giose Rimanelli si estende tra due mondi ed è caratterizzata dall'autobiografismo con sfondo fatalistico. *Nel saggio Letteratura come Autobiografia: LA VITA CAPITA. Memoria di un'adolescenza grigia,*[1] il massimo precetto rimanelliano sull'autobiografia sostiene: che l'Io chiama se stesso Io, oppure Tu, spesso è anche Lui. Il parlare di sé stessi è senz'altro terribile, come sostiene l'autore, ma non è certo più facile trattare di un autore, quando già tanto è stato scritto e l'io dello scrittore si è già raccontato, esposto, confessato. Analizzare le opere di uno scrittore che fa dell'autobiografismo la sua poetica, è ancora più terrificante se solo per un istante il lettore si lascia depi-

---

[1] Titolo di una conferenza tenuta da Rimanelli a Isernia nel Molise ma scritta a Lowell nel Massachusetts, Ore 10:55, PM, 11 Settembre 2002. Copia fornitami dall'autore. Una versione riveduta con il titolo *La vita capita. Memoria di un'adolescenza grigia* è stata pubblicata in *In Search of Italy. Saggi sulla cultura dell'Italia contemporanea*, a cura di Antonio Vitti e Roberta Morosini (Pesaro: Metauro, 2003) 309-322.

stare da quello che l'autore sostiene, nella sua tipica autoironia, di non aver fatto altro che: "blabla o cicalare."[2]

Se si esamina diversamente il suo "blablare," si delinea nelle opere rimanelliane, non soltanto il travaglio del vivere tra mondi diversi, tra passato e presente, ma si scorge il viaggio di una voce indipendente nel faticoso percorso di affermare una diversità, all'inizio inconsapevole, in quanto partita dal sottosviluppo fatto di povertà e ignoranza, di deprivazione culturale, e poi divenuta protesta contro la colonizzazione ideologica della guerra fredda per approdare al transculturismo. Per queste ragioni, la metafora rimanelliana di considerare la sua opera letteraria un giardino aperto in cui non vi sono più mura e dentro cui può venire a prendere il fresco chiunque, acquista il significato di un'apertura verso la cultura del mondo e come nei versi sotto citati di Tahar Ben Jelloun e della Sibhatù, la paura dello scrittore Rimanelli di spargere parole al vento, cioè quel suo "blablare" in un mondo di "yéyiare" acquista un significato di rottura e diventa un colloquio di:

> Parole, parole che,
> emanano profumo
> e portano l'animo nel tempo e nello spazio....
> ---
> ... Che nascono da un
> che importa se sto al buio, al sole, all'ombra..
> Rinasco ogni giorno con la penna ....[3]

Nondimeno, per arrivare a una comprensione di una lettura diversa dell'autobiografismo rimanelliano dobbiamo re-interpretare e ripercorrere le affermazioni fatte dall'autore e gli eventi che

---

[2] Si veda Giose Rimanelli, *Carmina BlaBla* (Padova: Rebellato Editore, 1967).
[3] Ambedue citazioni vengono da *Migranti. Parole, poetiche, saggi sugli scrittori in cammino* a cura di Roberta Sangiorgi (Bologna: EKS&Tra associazione interculturale, 2003) 46.

hanno segnato la sua vita. Per l'autore-Rimanelli, nel saggio già citato, tutti i suoi scritti altro non costituiscono nel loro insieme che importanti "foot notes" a quel suo primo ed unico libro, *Tiro al piccione* (1953), scritto di getto in due mesi e a venti anni quale sigillo della sua vita. Mi sono chiesto il perché di tale affermazione. Come risposta non mi è bastato il fascino che a Rimanelli-ragazzo procurava il pensiero di quanto meraviglioso fosse stato per Francesco d'Assisi trasformare la propria arte di poeta in vita; e quanto meraviglioso fosse stato per santi quali Gregorio Magno, Agostino e Teresa d'Avila riuscire a trasformare la loro vita in arte. Per quanto ho letto su e di Rimanelli, ho scoperto che ha desiderato morire giovane e siccome questa Signora non lo visitò nei vari tentativi di fuga da questo e da quello, ha sperato almeno di poterne testimoniare con un libro unico, *Tiro al piccione*, scritto all'indomani della guerra con il tremendo desiderio di fuggire per incontrare la morte, o la vera vita, sulle strade. Anche questo ultimo, per quanto interessante particolare, non ha soddisfatto, tutta, la mia curiosità.

Nella ricostruzione autobiografica del suo iter letterario, Rimanelli[4] ha dato molto peso al caso, non alla Provvidenza manzoniana, come se nella sua vita una forza malefica avesse predominato gli eventi a partire dall'incidente capitatogli da piccolo. Sì: c'è un destino a tutto! Ammonisce l'autore. Almeno così gli è parso, infatti, sembra che tutto si sia svolto come destino prefigurato.

---

[4] Rimanelli ha scritto molto sull'aspetto autobiografico delle sue opere, la seguente citazione racchiude pienamente il concetto: "My Literature is almost all autobiographical in nature: novels, poetry, literary criticism. I date everything. I write: on each completed work. I mark down the hour, the day, the month, and the year. And this is because I feel I am alone in the world. My writing, in fact, has never been directed at the world, rather, it reflects the reality of my own existence in direct contact with practical facts or ideals offered by my world's historical contingencies. My discourse, therefore, is more narrative than critical, more personal than objective. I learn by writing. In "Notes on Fascist/Antifascist Politics and Culture From the Point of View of a Misfi(s)t." *Rivista di Studi Italiani* Anno II, No. 2 (Dec. 1984): 73.

L'autore stesso ha scritto: "Non si può cambiare niente. Così è e così è stato, un giorno piove e un giorno viene fuori il sole. Capita."[5] Di nuovo mi sono chiesto, che cosa di così tragico, da aver potuto segnare una vita, sarebbe mai potuto capitare a un bambino nel lento e calmo modo di vivere di un piccolo paese meridionale?

Da ragazzino finì sotto le ruote di un camioncino di pescivendoli in un pomeriggio di sole e solitudine sulle strade bianche di polvere del suo paese, quel "suo" Molise *hióre e surrìse* (Rimanelli), per rincorrere una palla rossa che era rotolata sulla camionale dal grembo di una ragazzina tredicenne che lo accudiva. Aveva diciotto mesi! E da qual momento, diventò muto. Il primo shock della "Sua" esistenza. Di essa Rimanelli ne racconta qualcosa attraverso la vita del ragazzo decenne, Massimo Niro, nel romanzo *Una posizione sociale* (1959), successivamente ristampato e ristrutturato col titolo *La stanza grande* (1996). Più tardi, sua madre, lo mandò in un seminario delle Puglie per dargli un'educazione, un futuro, ma soprattutto come lei sosteneva, per toglierlo dai guai della strada. E così in quel luogo di penitenza e severi studi, rimase ben cinque anni, da poterli classificare in tutto come lo shock della "sua" seconda esistenza.

Alla fine del quinto anno si rifiutò di prendere i voti e andò via. Al seminario dissero che era indisciplinato, leggeva di notte, non aveva più vocazione, ma in realtà era andato via, infelice di non essere felice. Tornò al paese, dove lo chiamavano "il pretino," ma il parroco lo guardava storto quando andava in chiesa per le funzioni, e sua madre piangeva come se una grande disgrazia fosse crollata sulla casa. Visse quel periodo da straniero alla famiglia, al paese, a se stesso, non sapendo dove sarebbe andato, chiuso dentro un'armatura di paure che lo isolavano dal mondo che tut-

---

[5] *La vita capita. Memoria di un'adolescenza grigia* è stata pubblicata in *In Search of Italy. Saggi sulla cultura dell'Italia contemporanea.*

tavia lo proteggeva. Al paese, dal 1941 al 1943 Rimanelli visse una vita-non vita, ma studiò anche lingue, scrisse poesie perdendosi per le campagne in cerca di se stesso. Ciò nonostante, inconsciamente cercava di dimenticare gli anni di seminario, la cultura lì assorbita, i prodotti della "Caduta" e con il desiderio di fuggire dalla deprivazione culturale del mondo che lo circondava. Un mattino all'alba, per vedere che cosa c'era dall'altra parte della montagna,[6] oppure per completare la "Caduta" prevista dal suo destino, secondo una visione cristiana, salì su di un camion tedesco in ritirata che andava al Nord, e quasi immediatamente si trovò coinvolto nella guerra civile combattuta tra partigiani e RSI.[7] Anticipando, da una prospettiva biblica e non omerica, le immagini del film *La notte di San Lorenzo* (1982) di Paolo e Vittorio Taviani, la guerra fratricida gli parve come un evocarsi degli orrori descritti da Gregorio Magno nei suoi Dialoghi: un'apocalisse con bombe, sangue, morti, assassini, case che sprofondano dentro fiumi rovinosi, ponti e gente che saltano in aria, (Rimanelli). "Salvo per miracolo," tornò a casa, nel Molise, appunto per testimo-

---

[6] Il riferimento alla montagna non è solo simbolico in quanto Rimanelli ha spesso raccontato di essere salito su una montagnola per vedere il mare e cercando di seguire con la vista i viaggi del padre. In *Familia. Memoria dell'Emigrazione,* (Isernia: Cosmo Iannone Editore) 87, l'autore ha scritto: "Quand'ero ragazzo salivo sulla più alta montagna del mio paese per vedere il mare da una parte e cumuli di altre montagne dall'altra dietro le quali, immaginavo, c'erano altre cose, altre strade, un nuovo misterioso mondo. Cercavo mio padre, dov'era arrivato col suo cavallo."

[7] In *Letteratura come arte e autobiografia*, Rimanelli racconta: "Scappai di casa per salvarla, credetti: e ci riuscii infatti, ma questa volta per finire nella guerra civile al Nord, preso in mezzo da nazisti e fascisti e partigiani dai quali scappai indistintamente, e così continuai a scappare—che gambe lunghe avevo, e che disprezzo della morte! Per infine finire in un campo di concentramento americano a 12 chilometri da Pisa, chiamato Coltano, dove vidi per la prima volta un poeta americano, un grande poeta, in gabbia come un uccisore, Ezra Pound, unica mia fortuna in quel mondo di sfortuna in cui ero caduto, e dal quale fuggii di nuovo, ovvero continuai a fuggire, ma questa volta per tornare a casa, una mia casa chiamata Casacalenda, e qui apprendere se mia madre era morta o no." Saggio inviatomi da Rimanelli nel 2009.

niare di quell'Apocalisse. Era la fine del maggio 1945. L'orrore della terza esperienza, lo shock della "sua" terza esistenza: la guerra civile 1943-1945 al Nord, l'Italia sconosciuta e violenta, che registrò in *Tiro al piccione*, il romanzo/testimonianza che si conclude con un augurio positivo, di fiducia, nei riguardi della vita. In verità rimase invece in balìa di una vita semifinita che l'autore-Rimanelli nel saggio *Letteratura come biografia* definisce strozzata, quantunque alla fine del romanzo sia consapevole che fosse necessario tornare in mezzo alla gente e vivere finalmente per una ragione. Per Rimanelli l'Italia si rivelò, subito, stretta, strozzante e non a causa di aver fatto parte nella guerra dalla parte sbagliata, ma neanche a causa dal suo incipit, cioè dal suo vero inizio turbolento, tanto meno dal destino o dal male esibito nell'intero arco dell'esistenza del Rimanelli come sostengono alcuni critici.[8]

Dopo le difficoltà economiche incontrate alla fine degli anni quaranta,[9] il nuovo decennio sembra propizio per Rimanelli che lavora nel mondo del teatro, del cinema scrivendo articoli per riviste e giornali, nel 1952 esce *Tiro al piccione* che ebbe un grosso successo, pubblica altre opere letterarie e due racconti. Durante quel periodo compie anche il suo primo viaggio oltreoceano ma senza intenzioni di spatriare. Il viaggio avrà un ruolo determinante nell'evoluzione dello scrittore in quanto segna l'inizio del trapasso verso il transculturismo. Lo shock della 'sua' quarta esistenza arrivò con la rivelazione che Giose Rimanelli era l'autore de *Il mestiere del furbo* (1959) che segnò il suo suicidio nel mondo delle lettere italiane.[10] La critica che si è interessata a Rimanelli ha annoda-

---

[8] Si veda Luigi Fontanella, "Giose Rimanelli e il viaggio infinito" in *La parola Transfuga. Scrittori italiani in America* (Edizioni Cadmo, 2003) 101-174.

[9] In merito si legga il saggio di Rimanelli, "Letteratura come racconto. Alvaro e Tozzi, compagni di viaggio." *Studi Italiani* VII, 2 (1996): 121-140.

[10] Luigi Fontanella rievocando la pubblicazione de *Il mestiere del furbo* scrive che Rimanelli "avrebbe fatto i conti con lo spirito profondamente eretico, provocatore, insofferente di qualsiasi condizionamento o ipocrisia letteraria...ma allo stesso tempo narcisista, ambiguo, mistificante, in qualche modo perfino autolesionista,

to questo evento o come il compimento del destino di un intellettuale inquieto oppure come l'atto di un ingenuo maldestro e inconsapevole delle conseguenze. Titta Rosa aveva scritto: "Che il Rimanelli e C. abbia sbagliato mestiere? Che invece di scrivere *Il Mestiere del furbo* abbia scritto *Il mestiere del fesso*; anzi, per dirla col Manzoni, del 'cojon'."[11]

Secondo la lettura che propongo dell'iter rimanelliano, la pubblicazione dell'atto di accusa contro il mal costume letterario italiano segna la rottura definitiva di uno scrittore da un mondo culturale in cui non si era mai completamente riconosciuto. La lacerazione lo porterà al suo volo verso lo sperimentalismo linguistico, stilistico e tematico e l'incamminamento nella letteratura del mondo, che potremmo definire il processo di decolonizzazione dell'autore dalla catechizzazione, dalle ideologie e dal patriarchismo. La polemica di Rimanelli rientra nella crisi dell'intellettuale nell'ambito della società italiana del dopoguerra, in cui molti scrittori e artisti subivano pressioni politiche nel momento in cui era in discussione la ricostruzione dell'identità italiana dopo la caduta del regime. La particolarità nel caso di Rimanelli sussiste nel come il conflitto è risolto, che secondo la mia interpretazione a differenza per esempio di Cesare Pavese che si tolse la vita o di Giuseppe De Santis che fu costretto a lavorare nell'ex-cortina di ferro, Rimanelli trovò la soluzione alla propria dicotomia tra esigenze artistiche, personali e pubbliche, emigrando, decisione che poi lo condurrà a una nuova poetica.

Il trapasso precedentemente intraveduto in *Biglietto di terza* (1958) appare più accentuato nel contenuto e nello stile di *Caviale e formaggio* (1963) scritto pochi anni dopo la partenza dall'Italia, in

---

di cui era (è) formato l'inconscio di Rimanelli e che gli resterà attaccato addosso come un'icona perversa, sorta di *male esibito* nell'intero arco della sua esistenza.

[11] Giose Rimanelli racconta e riporta alcuni dei commenti fatti e scritti dopo la pubblicazione del libro in *Molise Molise* (Isernia: Libreria Marinelli, 1979) 139-174. La citazione nel testo proviene dal capitolo citato.

cui l'autore in una nuova lingua, l'inglese, e con tecniche fresche attraverso suoni, improvvise e fulminanti descrizioni di paesaggi, ci racconta il viaggio di un mozzo su una nave che parte da Vancouver e giunge a destinazione attraverso il Canale di Panama. Il testo può essere letto non soltanto come una ribellione artistica alla critica marxista-leninista che non aveva colto le novità rispetto alla linea neorealista e joviniana negli scritti rimanelliani pubblicati dopo il suo primo romanzo, ma come la concretizzazione di quella che si potrebbe chiamare la sempre più crescente, insistente, ma prima inconscia ribellione contro le ideologie dominanti nella cultura italiana, identificabili nelle istituzioni della chiesa, della famiglia,[12] e nelle ideologie politiche e culturali, sia di destra che di sinistra, contro cui Rimanelli si era ribellato, che ho definito la sua decolonizzazione. L'autore, nel 1994 durante una intervista in cui gli si chiedeva un giudizio estetico su quel famigerato testo ha dichiarato: "... non lo ricordo neanche, cioè me lo ricordo come pena, tristezza, rabbia, esilio, non come breviario di estetica o denuncia del malcostume letterario, sebbene suggerisca, anzi intelai le due cose: l'estetica in quanto desiderio di buon costume letterario, e denuncia del malcostume in quanto negazione del buon costume."[13]

Nella stessa intervista, difatti, lo scrittore ricorda la vita pubblica italiana alla fine degli anni quaranta e attraverso tutti gli anni cinquanta come un intreccio di vecchi e nuovi abusi, paragonabili ad un mercato nero, un baratto, una lottizzazione dei poteri in cui i nuovi giovani irrequieti venivano accantonati se non addirittura esclusi. Dai suoi giudizi trapelano le difficoltà incontrate da una persona che voleva essere libera, che non voleva guinzagli, ma

---

[12] Rimanelli ha spesso scritto di essere cresciuto odiando e di aver spesso pensato di voler far fuori "il vecchio."
[13] L'intervista è stata fatta a Salerno il 18 febbraio 1990 da una studentessa, i riferimenti e le citazioni nel nel saggio provengono da una copia inviatami dalla Pennsylvania nel 1994 da Giose Rimanelli.

allo stesso tempo si coglie la frustrazione di un giovane intellettuale di provenienza non borghese che si ribella contro i privilegi di caste. La sua avversione ai baroni del tempo, alla critica aristocratica, allo stizzoso elitarismo di alcuni intellettuali è racchiusa nel paragone che Rimanelli usa per descriverli definendoli signorotti che non hanno mai portato "le pezze al culo," che escludevano chi non apparteneva ai privilegiati e non sapeva stare al loro gioco. Alle caste nel dopoguerra, secondo la testimonianza dell'autore, si erano aggiunti anche avventurieri finiti nelle cellule del PCI e i vecchi fascisti che continuavano il loro tessere, forzando gli onesti antifascisti a irrigidirsi in nuovi dogma. Come la mancanza d'acqua aveva forzato ad emigrare i protagonisti del suo romanzo *Peccato originale* (1954), per Rimanelli, giovane autore che si sentiva deprivato "della sua acqua," praticare liberamente la sua vocazione di letterato, era arrivato il momento di andarsene. L'atto d'accusa e l'espatrio sono due azioni non attribuibili a quel destino iniziale che stroncava dall'incipit ma nascono da due scelte. Rimanelli voleva impadronirsi del suo proprio destino essendo pronto a un taglio netto con il passato oltrepassando l'oceano.

Ai primi di dicembre del 1953, Rimanelli aveva fatto un soggiorno durato fino al settembre del 1954 in cui esplorò varie zone, scrisse articoli per giornali canadesi e italiani. Come risultato del suo viaggio pubblicò *Biglietto di terza* su cui molto è stato scritto da Sheryl Postman e anche da Luigi Fontanella, di cui vorrei, però, servirmene per mostrare come in esso si colgono aspetti narrativi che mostrano in nuce gli elementi dell'opera rimanelliana più vicina alla cultura del transculturismo. Nella parte intitolata "I due fratelli," Rimanelli-scrittore italiano ancora eurocentrista è appena arrivato a Montreal dove Gino e Antonio—i suoi fratelli emigrat—lo aspettano per accompagnarlo alla casa dei genitori anch'essi trapiantati in Canada. Lo scrittore per distinguersi dagli emigranti ha valige ricche che per civetteria aveva tappezzato con etichette di alberghi, di paesi lontani, mentre i fratelli per mostrare le loro conquiste si sforzano di parlare in francese e in inglese che l'autore ci dice di capire e parlare perfettamente ma senza essere dovuto emigrare. La divertente scenetta che ha luogo quando uno dei fratelli constata il peso della valigia dell'autore, la semplice conversazione che ne segue, se analizzata oltre il suo ovvio umorismo serve di nuovo a mettere a nudo l'elitismo culturale dell'autore, non in senso dottrinario ma come conformismo culturale. Antonio, il fratello emigrato, chiede: "Ma che ci hai messo il piombo qua dentro?—Sono i libri che fanno peso."—"Formidabile, sono i libri! Ma se li hai letti perché te li porti dietro?"—"Sono da leggere," risponde l'autore.[14] Gino ha la sua macchina e il suo inglese, Antonio parla francese, mentre l'autore mostra le sue conquiste con i libri e le valige. I fratelli e poi i parenti nel capitolo che segue, sono visti ormai quasi come extra-europei, destinalmente senzacentro, senza un'identità propria, rivelando un atteggiamento che mostra una lieve percezione di superiorità eurocentrica. L'autore non si era ancora completamente aperto al transculturismo, il suo eurocentrismo è mostrato nella sua orgogliosa identità di scrittore italiano appartenente a una cultura superiore. Rimanelli aveva scoperto il senso etnografico del nuovo mondo nei bellissimi capitoli sui miti e le leggende indiane, sulla parlata italo-canadese, e soprattutto sull'inquietante, infinita, surreale vastità del Canada. Nella descrizione dei luoghi e del vuoto del Canada, Rimanelli mostra una disposizione culturale nel cogliere l'alterità ma culturalmente "l'intellettuale europeo"si sentiva ancora diverso o meglio non pronto a una vera esperienza interculturale. Osservazione confermata da quando si legge nel capitolo *Autunno* con il colloquio con la madre che riportiamo:

Il Canada è bello perché e vergine, selvaggio, disperatamente infinito. Il Canada ha vasti orizzonti, praterie e boschi e tundre e

---

[14] Giose Rimanelli, *Biglietto di terza* (Welland: Soleil, 1997) 37-38.

deserti di neve.... Io dico che tutti gli uomini che hanno patito
torti, hanno sofferto l'usura della società e l'impostura del bisogno, dovrebbero venire qui per sentirsi liberi. Ma per restare in
questa terra devi aver rotto i ponti col passato, e alle tue spalle,
sulle tue rive lontane, non devi avere più nessuna voce che ti
chiami. Diversamente il Canada potrebbe diventare la tua paz-
zia.... E sono sacrifici, questi, che affrontano soltanto gli uomini
duri, coloro i quali ricercano una speranza. Oppure qui possono
vivere gente come Antonio e Gino: i più. Essi fanno bene ad
amare questo paese: è stato generoso con la loro miseria .... e tutti
gli immigrati che le sventure dell'Europa hanno spinti su queste
coste. Ma io sono già vecchio spiritualmente per rimanere qui.
[I]l paese dove io non posso, non mi sento di vivere. (Rimanelli,
Biglietto, 235-6)

Dalla citazione traspare che all'inizio degli anni cinquanta Rimanelli-autore non era ancora completamente aperto alla trascendenza, il trapassamento della superficie delle culture per poter
entrare nell'incontro con la produzione letteraria del mondo, della
poetica del transculturismo e dell'intercultura, il processo che
mette in relazione tra loro culture compresenti dentro una società
comunicativa che produce cooperativamente una nuova trasfor-
mazione imprevedibile delle persone cooperanti ospitanti e ospi-
tate nel loro interagire, producendo un'utopia poetica al di là delle
gabbie religiose, e politiche (Armando Gnisci).[15] L'esperienza del
nuovo e liberamente umano che è in opera da almeno un secolo
nelle esperienze degli scrittori latino-americani si farà sentire in
Tragica America (1968), *Detroit Blues* (1997) e *Benedetta in Guysterland* (1970), romanzi che Rimanelli scriverà nel nuovo mondo. In
essi la poetica rimanelliana appartiene alla nuova letteratura
mondiale in quanto anche se non intenzionalmente mostra che il
multiculturalismo americano è una fabbricazione culturale. Nella

---

[15]Tutti i riferimenti a una nuova concezione della letteratura e alla trancultura
vengono da Armando Gnisci, *Una storia diversa* (Roma: Meltemi, 2001).

descrizione della società americana e di Detroit, Rimanelli mostra
i gravi problemi sociali e razziali che allora si manifestavano in
rivolte e oggi nella repressione mascherata dal concetto del "melting pot" dove secondo Amnesty Internatinal, nel 2001 un anno
dopo la pubblicazone di *Familia* di Rimanelli, 1.700.000 cittadini
vivono in carcere di cui il 60% è formato da individui appartenenti
alle minoranze etniche dei quali il 50% da cittadini di colore.[16] Nel
2014 secondo *New Politics* 2.2 milioni di persone povere sono in
prigioni e oltre 5 milioni di poveri sono sotto la supervisione della
giustizia penale in forma di libertà vigilata.[17]

Nel primo romanzo Rimanelli aveva scritto che l'America pro-
gredisce sempre ma che qualcosa resta sempre dietro come i poveri di tutti i generi e di tutti i mestieri e colori, cioè coloro che non
possono più difendersi. Le parole di Rimanelli anticipano le osservazioni di Gnisci, che nel caso degli Stati Uniti, parlando della
mistificazione del "melting pot" mostra come in realtà il termine
serve a giustificare una situazione nella quale ha trovato un qualche ordine il caos di culture e persone che vi si sono affollate e so-
prapposte, non essendo native (Gnisci). Nei romanzi citati di Rimanelli si coglie la poetica del nuovo in quanto da parte dell'autore
si sente il bisogno di un incontro con cose e con gli altri senza nostalgia del passato guardando al futuro come un colloquio con
l'inaspettato in cui le cose nuove non rappresentano insidie ma
vengono accolte dall'autore senza paure, per stabilisce una relazione "gerundio" tra lui, noi lettori e le cose che deve fare e incontrare.[18] In una intervista Rimanelli allude a quella che sarà una ca-

[16] Le statistiche vengono da Armando Gnisci, *Una storia diversa* (Roma: Meltemi,
2001) 102.
[17] *New Politics*, Vol. XV No 2 (Winter 2015): 84.
[18] Nel 1961 Rimanelli, commosso dalla storia di una famiglia di colore che durante le rivolte razziali a Detroit nel Michigan aveva accolto e curato un bambino
bianco sopravvissuto alla famiglia morta in un incidente stradale, dettò per i suoi
nipoti e familiari un disco nella speranza che non diventassero razzisti. Il racconto del bambino adottato appare in *Tragica America* (Genova: Immordino editore,

ratteristica della sua poetica che si è sviluppata dopo l'espatrio: "A questa ricerca di nuovi orizzonti fui indotto da motivi di incompatibilità ambientale e da contrasti culturali ed etici con molti dei maggiori protagonisti della vita letteraria del dopoguerra, ma anche, o forse di più, da un richiamo profondo verso altrove, che è stato una delle spinte più forti del mio percorso esistenziale."[19]

Le differenze nell'approccio possono essere sottolineate riprendendo il tema trattato precedentemente nell'analisi de *I due fratelli*. Molti anni dopo nel suo percorso esistenziale in *Familia*, Rimanelli ritorna sul tema del viaggio e delle valige ma in tutto altro modo.

> GIOSE: Stanco della vita, Giose?
> IO: Terribilmente.
> GIOSE: Ti seguo da molto, sai?
> IO: Sei Giose? Il mendicante che dorme dietro l'imbarcadero?
> GIOSE: Ho dormito anche dietro l'imbarcadero; ma non sono un mendicante.... Viaggio, vedi la valigia?
> IO: E cosa contiene?
> GIOSE: (apre la valigia) — Guarda!
> IO: Ma è vuota!
> GIOSE: Sì, ma una volta era piena zeppa. Infine ho dovuto buttar via tutto.
> IO: Ma se è vuota, a che serve?
> GIOSE: Si riempirà di nuovo; la vita continua ...[20]

L'approdo nel nuovo paese segna il vero inizio perché bisogna iniziare da capo, proprio come ha fatto l'autore per aprirsi al nuovo, superando l'eurocentrismo e arrivare alla trascendenza inter-

---

1959) 158-164.
[19] Giose Rimanelli in "Quasi una vita: intervista a Giose Rimanelli" di Norberto Lombardi, *Rivista di Studi Italiani* Anno XIX, n. 1 (giugno 2001): 197-8.
[20] Giose Rimanelli, *Familia. Memoria dell'Emigrazione* (Isernia: Cosmo Iannone, 2000) 183.

culturale nel rapporto tra culture diverse. Le valigie sono vuote e bisogna riempirle di un nuovo sapere.

È consuetudine negli Stati Uniti presentare l'emigrazione in due modi. Una tendenza è leggerla come un processo di rinuncia e sofferenza, ponendo l'enfasi sul trauma della separazione dalla patria, dalla famiglia e dagli amici. L'analogia comunemente usata è quella con una pianta sradicata, separata dal suo humus naturale. Come risultato gli immigrati, nello sradicamento, di solito percepiscono se stessi come esclusi, estranei, non appartenenti né al paese d'origine né a quello che li ha accolti. Allo sradicamento spesso si aggiunge il risentimento a causa della condizione di mancanza, accoppiato al desiderio nostalgico di recuperare ciò che è stato perduto (Matteo)[21]. Il sentimento acrimonioso di essere degli esclusi promuove il vittimismo, che a sua volta genera atteggiamenti di passività e fatalismo, mentre la ricerca nostalgica delle radici perdute, dell'orgoglio e la gloria della stirpe e del retaggio culturale, costringe a tenere lo sguardo rivolto al passato, cieco alle nuove realtà del presente o ostile ai cambiamenti che la storia ha portato, e dimentico delle esigenze del futuro. In questa visione il passato diventa un luogo piacevole. Nelle opere di Rimanelli il passato e i ricordi acquistano quasi il valore del termine *Saudades* in cui però l'amaro prevale sul dolce. Infatti come abbiamo constatato nella prima parte del saggio l'infanzia e la gioventù vissuta in monastero e in guerra non sono mai glorificati e vengo ricordati con amarezza e dolore. Dopo il trapasso il Molise acquista simbolicamente il posto dell'anima ma non è idealizzato. Affetto che l'autore ha spiegato scrivendo: "È l'amore, credo, di chi è lontano per l'oggetto di quell'amore, e pertanto lo vede indispensabile alla felicità del suo cuore."[22]

---

[21] Sante Matteo. "Lamefricatalia: lezioni italiane di elisione, troncamento e contrazione", apparso in "Borderlines: Migrazioni e identità nel Novecento."
[22] Giose Rimanelli, *Familia. Memoria dell'Emigrazione*, 177.

L'altra versione nella cultura americana della storia della migrazione, riflette la realizzazione dell'*American Dream* ed esalta l'arricchimento e le conquiste: sociali ed economiche. Questa versione fa parte dell'immaginario e lo rinforza. Oltre allo sradicamento e all'assimilazione mascherata dal multiculturalismo all'americana —ridotto a feste etniche e a strade di piccoli quartieri con ristoranti di cucine etniche esiste il transculturismo che nel caso di un'intellettuale come Rimanelli scrittore migrante si realizza attraverso una letteratura in cui la sua vita è arricchita da quello che ha trovato nel paese di accoglienza. La comunità ospitante è resa migliore dal suo apporto in quanto cultura diversa che porta con sé. Nell'utopia interculturale anche la società d'origine si dovrebbe avvantaggiare della ricchezza che acquisisce quando si riporta indietro la nuova esperienza per condividerla e non soltanto in cerimonie che culturalmente non aiutano a capire l'alterità. L'intercultura non è la realizzazione del detto che nel guadagnare si perde, nel perdere si guadagna, ma è l'incrocio tra due culture che lavorano colloquiando insieme per la prima volta.

Infine passiamo a trattare gli aspetti delle opere rimanelliane che mostrano il suo passaggio da scrittore in cerca di riconoscimento e di affermazione a una letteratura nuova in cui ha avuto luogo lo scambio delle proprie esperienze permettendo un avvicinamento all'altro. L'inesausta ricerca di un punto di riferimento e le interrogazioni di Rimanelli sul senso della propria vita e della sua opera se lette fuori dalla tradizionale visione cristiana-cattolica, nel simbolismo della passione, crocifissione e redenzione, oppure da una prospettiva eurocentrica possono essere viste come un esempio italiano di una letteratura nuova, fuori dal tradizionale e appartenente all'idea di una letteratura della decolonizzazione a cui ho fatto riferimento precedentemente.

La decolonizzazione è una poetica e una pratica culturale che aduna occidentali e orientali ex-colonizzatori ed ex-colonizzati del mondo-nord e del mondo-sud e sulla sperimentazione mutua e

coevolutiva di nuove vie di liberazione per l'intera specie umana.
I modi e i camminamenti post-coloniali sono diversi, la decolonizzazione parte dalla colonizzazione e per capirla bisogna incasinare
la geografia e non a partire dalla fine della colonizzazione ma
dall'inizio (Gnisci), nel caso di Rimanelli una lettura diversa del
suo iter evidenzia che prima ancora di arrivare alla trascendenza
interculturale e al sincretismo il suo primo romanzo contiene elementi della letteratura della decolonizzazione in quanto la poetica
del racconto ragiona e agisce assumendo una prospettiva diversa
da quella imposta dalla cultura dominante e dalla sue istituzioni,
esponendo una prospettiva che rovescia la storia ufficiale. Questo
gesto è anche l'inizio del depotenziamento della propria identità.
Nel caso di Rimanelli-autore definirei il suo processo verso la decolonizzazione e il transculturismo un rifiuto di diventare culturalmente maschio-bianco civilizzatore-padrone-del sapere e della
potenza del diritto e della verità. Questa poetica-pratica ha reso
possibile a Rimanelli di agire in maniera contraria all'eurocentrismo e all'imperialismo ideologico e di schierarsi dalla parte e
insieme a quelli che si decolanizzano dalla cultura dominante. Così gli esclusi si avventano nel futuro che gli era stato sempre nega-
to, creando nuovi luoghi dell'immaginario e dell'erudizione e mostrando che si possono inventare direzioni e conquiste per costrui-
re strade diverse.[23]

---

[23] Seguendo questa nuova poetica *Molise Molise* (1979), non è soltanto narrato
come una confessione, non bisogna ricorrere a Petrarca per ripercorrere la corsa
verso l'eccellenza, per poi accorgersi come dice Rimanelli che l'Arte è solo uno
schiocco di dita dopo tutto, che quando effettivamente arriva, quando si materia-
lizza in un canto, una cantica, un libro l'autore nemmeno se ne accorge. "L'Arte è
una fanciulla che ti bacia nel sonno e vola via, Non dorme con te; mentre il resto
viene visto soltanto come lavoro, esperienza, ricerca e ricerca, modifica e panegi-
rico: un qualcosa, in pratica, come note in fondo pagina, chiose, glosse ... glosse
su cui non si è ancora risolta la tua vita ... dandoti abbastanza spazio per
un'autobiografia. Se le vicende accadute e raccontate dall'autore Rimanelli, vengono trasposte in un quadro storico culturale acquistano uno spessore per una
lettura di una fuga dal sottosviluppo e dimostrando un sconforto storico ed esi-

Nel caso di Rimanelli, la liberazione personale e artistica si realizzano fuori dai canoni tradizionali. Partendo dal suo primo romanzo; sigillo della sua vita. Mente le testimonianze dei repubblichini reclamano dalla storia di riconoscere il loro ruolo di combattenti in una guerra fratricida che li ha portati da combattenti leali a un idele alla cocente delusione nel constatare che i comandamenti mussoliniani "CREDERE, COMBATTERE e OBBEDIRE" con cui erano cresciuti non erano portatori di libertà e di rinascita. Dai ricordi di Rimanelli affiora, invece, l'angoscia di un giovane disadattato cresciuto in un paesello meridionale e formatosi in un seminario di provincia, che si trova ad affrontare una guerra che lo vede impreparato e senza nessuna ideologia o tanto meno una coscienza politica. Rimanelli vuole far conoscere ai giovani e ricordare ai suoi lettori di *Tiro al piccione*, di essersi trovato nel conflitto senza fede littoria, ma come un fuggiasco in cerca della morte per espiare le proprie colpe di inadeguatezza sociale, religiosa, ambientale e culturale. La sua posizione politica è stata espressa nella una conferenza tenuta presso la sede di Bologna della Johns Hopkins University il 9 aprile del 1984:

> Personally, I don't have anything to do with fascism or antifascism in spite of the fact that I experienced fascism as well as antifascism due to historical and intellectual circumstances. I have never been a member of any Italian party or group. Neither have I participated, of my own will, in actions and manifestations for or against fascism.

Riflettendo su quegli anni Italo Calvino ha scritto: "Quel peso di male che grava su tutti noi e che si sfoga in spari, in nemici uccisi, è lo stesso che fa sparare i fascisti, che li porta a uccidere con la stessa sofferenza di purificazione, di riscatto. Ma allora c'è la

---

stenziale. Rimanelli in *"Letteratura come Autobiografia: LA VITA CAPITA. Memoria di un'adolescenza grigia."*

storia. C'è che noi nella storia, siamo dalla parte del riscatto, loro dall'altra."

Ma nel caso di Rimanelli, appartenente a quelli venuti dal mondo fuori dalla storia che Carlo Levi ha descritto in *Cristo si è fermato ad Eboli,* non si possono applicare i giudizi di Calvino che sono politici e non culturali. Nella sua fuga suicidale dal sottosviluppo lo scrittore molisano passa dalla guerra ai campi di Coltano e poi nel dopoguerra italiano diviso dalla guerra fredda e conclusosi soltanto con la decisione di trasferirsi definitivamente negli Stati Uniti, emigrazione vissuta come unica, sola, vera decisione presa spontaneamente e liberamente. Una fuga conclusasi con l'approdo al transculturismo che la critica tradizionale non ha per lo più colto, continuando a leggere Rimanelli nel contesto culturale e politico a cui lui non apparteneva. Secondo questi parametri Rimanelli appare come il reietto auto-esiliatosi negli Stati Uniti dal 1960, oppure come il missionario della cultura italiana nel nord america, o come la voce degli emigrati e non come un intellettuale controcorrente che ha messo a nudo il proprio sconforto storico ed esistenziale con rabbia, spudoratezza seducente, irridente, lacerante, torrenziale che spesso la schizzinosa italianistica ha definito schizofrenica. La poetica di Rimanelli ha saputo cogliere come pochi altri scrittori italiani moderni prima le contraddizioni non risolte della recente storia italiana, le ragioni dietro l'esodo migratorio, per poi abbracciare un nuovo modo di concepire e fare letteratura. Da questa nuova prospettiva il primo romanzo di Rimanelli assume una posizione anomala nel mondo culturale italiano.

Dalle rievocazioni di tanti giovani militanti nelle file della RSI riguardo alla formazione culturale si capisce che l'indottrinamento fascista li aveva convinti che per loro il fascismo era tutto uno con il patriottismo perché si poneva come unico e legittimo rappresentante della patria e delle tradizioni italiane. Al contrario l'angustia sofferenza a causa dell'ignoranza culturale e politica di provincia di Rimanelli da lui stesso spesso riconosciuta, aiutano a capire che la sua formazione era il prodotto della indottrinamento cattolico della colpa-caduta che deve essere espiata per ottenere la salvazione che si rivelano nella sua ricerca della morte per espiare le inesistenti colpe. Da qui nasce la prima inconscia ribellione contro le ideologie dominanti nella cultura italiana, identificabili nelle istituzioni della chiesa, della famiglia, e poi alle gabbie politiche: la sua decolonizzazione.

La controversia politica-culturale, a cui fa riferimento Calvino nell'essere nella storia, il riscatto della dignità italiana, si riapre nel dopoguerra e vede di nuovo Rimanelli assumere una posizione diversa in quanto non si identifica con nessuna delle parti contendenti. *Tiro al piccione* non appartiene alla memorialistica neofascista o ai nostalgici di destra e non rientra neanche nel dibattito sul carattere patriottico, nazionale o rivoluzionario della Resistenza. Rimanelli non pagava il conto con la storia come i balilla che erano andati a cercare la bella morte per preservare l'onore e la dignità della patria fascista. Le loro rievocazioni cercano una giustificazione, una deresponsabilizzazione nel martirologio dei ragazzi di Salò in quanto appartenenti a una cultura dell'indottrinamento fascista. Il culto della patria morta ha pervaso la destra del dopoguerra anche se non tutti si sono trovati d'accordo sulla data del decesso ma uniti nella convinzione che fosse deceduta o quantomeno decaduta l'8 settembre del 1943, oppure il 25 o il 29 aprile del 1945, il 2 giugno del 1946.[24] L'idea luttuosa della patria come di un genitore morto con la caduta del fascismo, l'armistizio, e lo spaesamento che seguì, si scontrano con l'idea di sinistra che vede la fondazione di una nuova Italia nel quinquennio che va dalla Resistenza alla Costituzione. Come si deduce dalle argomentazioni di R. Bobbio e M. Veneziani le culture della destra esprimono insanabili fratture con l'identità nazionale ora nel nome del fasci-

---

[24] Tutte le problematiche storiche e politiche che seguono provengono da Marcello Veneziani, *La cultura della DESTRA* (Bari: Laterza, 2002).

smo tradito ora nel nome della monarchia defraudata ora nel nome della patria locale soffocata dallo stato centralista. Altrettanto polemico e parziale risulta il senso nazionale delle culture della sinistra che celebrano la patria nei punti di maggiore lacerazione nazionale (la guerra civile, la vittoria sulla monarchia) dimenticando altre ricorrenze nazionali (5 novembre, 24 maggio la proclamazione dell'unità d'Italia). (Veneziani). La poetica di Rimanelli non rientra in nessuna di queste vaste posizioni. *Tiro al piccione* venne accolto perché riletto secondo la visione della guerra vista dalla parte sbagliata etichetta che serviva alla linea politica resistenziale, posizione confermata dal film omonimo di Giuliano Montaldo che cambia il messaggio del film riposizionando la storia del protagonista nella parte "giusta." Nel dopoguerra durante la lotta ideologica della guerra fredda la linea culturale della sinistra si irrigidì nella scia tracciata da Lukàcs escludendo altre soluzioni che non rientravano nella dialettica materialistica mirata all'indagine del vero e del reale. Prospettiva che esaltava lo storicismo dentro i conflitti sociali e di classe, raccomandando un'azione positiva per l'emancipazione delle masse. Mentre il primo romanzo dell'autore molisano poteva essere reclamato da tutti, il secondo cadde vittima dello scontro ideologico e dell'egemonia di una linea interpretativa che si riflette in Giuliano Manacorda che su Rimanelli scrisse: "... dopo aver dato forse la più efficace testimonianza della guerra in Italia vista <<dall'altra parte>> *Tiro al piccione* (Mondadori, 1953), rapidamente decadeva in un regionalismo di maniera *Peccato originale*, (ivi, 1954)."[25] La storia di Marco Laudato poteva servire a tutti e due gli schieramenti, con *Peccato originale*, Rimanelli si fa portavoce del dramma dei cafoni che prima di allora non aveva mai avuto una voce se non attraverso la prospettiva politica di un autore, si vedano le opere di Ignazio Si-

---

[25] Giuliano Manacorda. *Storia della letteratura italiana contemporanea (1940-1975)*, (Roma: Editori Riuniti, 1981) 48.

lone per esempio. In momento storico, come quello italiano degli anni cinquanta in cui la sinistra italiana vedeva utopisticamente nella lotta per le terre una possibile soluzione al millenario problema della povertà meridionale, Rimanelli sembra non crederci. Infatti, scrive: "Questa gente del sud è segnata dal peccato originale, una maledizione di Satanasso. Onde la povertà, le invasioni i baroni, i gesuiti, il colera e tutti i mali che affliggono lo spirito e la carne. Poi mi domandate: perché se ne vanno? Non stanno bene qua? No, dico. E nessun governo, a differenza di Cristo, riuscirà mai a riscattarli."[26] Nel 2000 riflettendo sul trauma migratorio che l'Italia di oggi vive ogni giorno Rimanelli da scrittore migrante è tornato sull'argomento mostrando di nuovo i suoi dubbi sulla capacità dei politici di risolvere il dramma dei disperati del mondo.[27]

Secondo la lettura presentata in questo saggio la disposizione naturale di Rimanelli alla lirica e all'autobiografismo assumono valori diversi. Le opere scritte oltreoceano possono essere lette nella visione della letteratura del mondo in cui si intravede la poetica del transculturismo e dell'intercultura in un processo che mette in relazione tra loro culture compresenti dentro una società. Mentre invece nelle sue prime opere italiane l'autobiografismo e il lirismo richiamano la letteratura della decolonizzazione. Molti altri autori italiani nella scia di Petrarca esprimono i sentimenti in un passato ricordato per poi sfruttare il doppio livello di riflessione sull'emozione originaria e sui pensieri e le emozioni collegati al ricordo di essa. La contemplazione del passato diventa quasi un automatismo in cui i sentimenti vengono usati per denotare valori e pensieri oppure da metafora per fenomeni culturali e politici. In Rimanelli il ricordo del vissuto è integrato nella drammaturgia per

---

[26] Giose Rimanelli. *Familia*, 80.
[27] Mi riferisco al suo *Familia* e in particolare il capitolo "È poi vero che...," 19-23.

creare uno scontro tra se stesso, l'ambiente, le forze dominanti e le istituzioni in una costante ricerca di un'identità. [28]

Per concludere la vicenda umana, estetica e poetica di Rimanelli è iscritta nelle sue opere che rivelano l'emblematicità di un percorso individuale che se analizzato diversamente dai canoni tradizionali diventano una lettura di opere appartenenti a una letteratura fuori dai canoni europei, benché sia radicata nella formazione culturale dell'autore un miscuglio di tradizione classica e religiosa cattolica che si manifesta nella confessione autobiografica. Dopo l'espatrio la narrativa rimanelliana si incammina verso la transcultura nella poetica del liberamente umano che si è liberato da Dio/fato/destino/principio dell'essere e dell'uomo che comanda sull'uomo, ideali che si colgono anche nelle ballate che mostrano come uno scrittore migrante è diventato scrittore migrante:

> Sono un viandante bruciato dal sole
> Passato al setaccio dei venti:
> ho vertebre enormi, voce possente e ho visto vi giuro, cieli infiniti
> Col mio Dio parlo Quechua o Latino ma spesso
> mi stanco, torno a partire, a volte non solo, con Pound o Celan,
> Dante, Walt Whitman o Rúben Dario.[29]

I versi citati mostrano il movimento transculturale del nuovo liberamente umano mediante la cooperazione in cui ogni persona si riconosce portatore della propria nazione attraverso i tantissimi incroci sconfinati ma percorribili, senza l'altro che interviene nell'andare del se, altrimenti il se e l'altro non esisterebbero (Gnisci 105).

In questa nuova lettura dell'iter letterario di Rimanelli il suo passato e l'Italia ci appaiono come una fase e una terra di transito,

---

[28] Il concetto viene da Christopher Wagstaff che lo ha applicato al cinema italiano contemporaneo in "L'assenza dell'Oggi" in *Nuovocinema. Il cinema della transizione. Scenari italiani degli anni Novanta*, a cura di Vito Zagarrio (Venezia: Marsilio, 2000) 439-454.

[29] Giose Rimanelli. *Familia*, 108.

poi diventata esilio, prima ancora del vero l'espatrio fase in cui l'autore abbracciare il mondo.

OPERE CONSULTATE

Bobbio, Norberto. *Destra e Sinistra. Ragioni e significati di una distinzione politica.* Roma: Donzelli Editore, 1995.

Capek-Habekovic, Romana. "Autobiography as Pictorial Time/Space in Giose Rimanelli's Novel *Detroit Blues.*" Welland, Ontario: *Italian Culture* XVII, 2, 1999, 105-120.

Postman, Sheryl Lynn. *Crossing the Acheron: A study of Nine Novels by Giose Rimanelli.* New York: Legas, 2000.

Rimanelli, Giose. *Arcano (1970-1988).* Salerno: Edisud,1989.

_____. *Detroit Blues.* Welland: Soleil, 1997.

_____. *Molise Molise.* Isernia: Libreria Editrice Marinelli, 1979.

_____. *Tiro al piccione.* Torino: Einaudi, 1991.

_____. *Tragica America.* Genova: Immordino editore, 1968.

Rimanelli, Giose e Enrico Cestari. *Discorso con l'altro. Salò, la guerra e l'Italia del dopoguerra.* Milano: Mursia, 2000.

Rivista di Studi Italiani Anno XIX, n. 1, giugno 2001. Dedicata a Giose Rimanelli.

Giocando a quattro mani con Giose:
Una testimonianza

Luigi Fontanella
STONY BROOK UNIVERSITY

Sembra incredibile ma sono già trascorsi più di 25 anni da quando una sera, nel corso di una cena a Chapel Hill, North Carolina, discorrendo e bubbolando del più e del meno con l'amico Giose Rimanelli, decidemmo di porre mano a un progetto letterario in comune. È da lì e da quella sera un po' noiosa legata al banchetto finale del congresso annuale dell'AAIS che iniziò tra noi un ping-pong poietico che ci avrebbe portato a scrivere un intero libro di sonetti (anzi, landolfianamente *sonnetti*), poi pubblicato in forma bilingue (*Da G. a G.: 101 Sonnetti / From G. to G.: 101 Somnets*, a cura di Luigi Bonaffini, Introduzione di Manuela Bertone, New York, Peter Lang, 1996), che avrebbe impegnato una "squadra" di vari traduttori: dallo stesso Bonaffini, a Michelle Castellano (insieme con Renata Vergilis), Marisa Marcelli, Michael Palma, Joseph Tusiani, Justin Vitiello. A questa raccolta di poesie avrebbe sùbito fatto seguito un altro ben più corposo canzoniere, tuttora inedito, conservato fra le carte rimanelliane presso la Biblioteca Provinciale "Pasquale Albino" di Campobasso. È in questa biblioteca che giace sepolto, nonostante che il mio amico Sebastiano Martelli mi assicuri che l'archivio rimanelliano lì custodito arriva fino al 1976. Vidi io stesso il nostro dattiloscritto (in occasione di un convegno molisano) esposto in una vetrina, accanto ad altre che esibivano carte e libri di/su Rimanelli.

Perché e come nacquero i nostri sonetti a quattro mani, è presto detto: un sentimento comune per combattere la noia sempre in agguato, l'impulso a una sperimentazione ludica-linguistica reciproca (sulla scia del nostro interesse verso le avanguardie storiche), il desiderio di puro e semplice *divertissement*. Insomma: un gioco da fare insieme, all'interno del quale, però, *ci si metteva in gioco e si mettevano in gioco* le nostre più fervide risorse immaginative.

Devo qui riferire, per puro dovere di cronaca, che questo "giocare con le parole" scaturiva — per quanto mi riguarda — anche dalle mie precedenti ricerche sul surrealismo, ovvero dalla pratica dei mitici *cadavre exquis* (sia in senso verbale sia in senso visuale). Del resto, il mio primo lavoro scientifico non sarebbe stato costituito dallo studio — e mia relativa traduzione in italiano — di un'opera magmatica come *Les Champs Magnétiques*, scritta, appunto, a quattro mani da André Breton e Philippe Soupault? Fu proprio questo, a tutti gli effetti, il mio primo libro di traduzione e di ricerca letteraria, pubblicato presso la Newton Compton Editrice nel 1979. Quell'anno, fra l'altro, avrebbe anche segnato il mio primo esperimento di scrittura a quattro mani, lavoro convogliato in un libretto (oggi una vera rarità bibliografica), che vide come autori il sottoscritto e Mario Lunetta (*Convenevoli d'uso*, Bergamo: Il Bagatto, 1980), uscito in una collana a quel tempo diretta dall'amico e compianto Sebastiano Vassalli.

Ma anche per Rimanelli quella nostra pratica a quattro mani avrebbe di lì a poco generato ulteriori sperimentazioni, segnatamente con Achille Serrao (*Viamerica / The Eyes*, traduzione di Luigi Bonaffini e Justin Vitiello, Prefazione di Rebecca West, Postfazione di Luigi Bonaffini, Toronto: Guernica Editions, 1999) e con Joseph Tusiani, sebbene, quest'ultimo, non reggendo il "ritmo" scrittorio di Giose, si sarebbe ben presto defilato. Sul nostro scrittore avrei poi scritto vari interventi e recensioni, culminati infine in un intero capitolo dedicato al suo *opus*, leggibile mio volume *La parola transfuga* (Firenze, Cadmo Ed., 2003; ora in versione ampliata anche in inglese col titolo *Migrating Words. Italian Writers in the United States*. New York: Bordighera Press, 2012).

Ma torniamo ai nostri *sonnetti*. Perché proprio questo il titolo dato ai nostri strampalati (ma fino a un certo punto "strampalati") componimenti? Innanzi tutto perché essi dovevano richiamare i celebri *demisommeil* di marca surrealista; i più vistosi, documentati anche da foto, restano quelli del poeta surrealista Robert Desnos. I suoi *sommeil* s'inquadrano specificamente nell'esercizio dell'*écriture automatique*, cioè un modo di scrittura auto-ipnotica nel quale non intervengono né la coscienza né la volontà dello scrivente; una possibilità espressiva che ha in Hippolyte Taine—ben prima dei surrealisti—il padre letterario (rimando alla Prefazione della terza edizione del suo saggio *De l'intelligence* del 1878). Una "tecnica", com'è noto, utilizzata dai surrealisti come espressività letteraria, e consistente nello scrivere un testo il più rapidamente possibile, senza controllo della ragione e senza preoccupazione estetica o morale o lessicale, perfettamente in sintonia con quanto asserito da Breton, nel primo manifesto, quando consegna ai lettori la propria definizione di "surrealismo". *I campi magnetici*, pubblicata nel 1919, resta, appunto, la prima opera scritta a quattro mani seguendo questo metodo.

Il termine "sonnetto" da noi dato ai nostri sonetti voleva quindi riferirsi a questa particolare pratica scrittoria su indicata ma esprimendola, allo stesso tempo, attraverso la classica forma del sonetto. Devo qui sottolineare che la traduzione inglese, assai felice, del termine *sonnetti* fatta da Bonaffini (*somnets*) rispecchia perfettamente l'humus ironico-umorale ad esso sotteso. *Somnet* rimanda di fatto a *somnolence* > *somnolent* e perfino a *somnambulism* > *somnambulist*.

Certamente per noi, sonnambuli della parola, quella titolazione insolita voleva anche rimandare—come ben sottolinea Manuela Bertone nel suo saggio introduttivo—alla oscillante "condizione antropologica di irregolari di quelli che l'hanno scritta: Giose Rimanelli e Luigi Fontanella, poeti italiani viventi e scriventi in America e in Italia, non tanto identificabili e indentificatisi nella condizione statica di esilio-naufragio sulle odiosamente sponde dell'Atlantico statunitense che caratterizza tanti artisti italiani-americani, quanto in quella dinamica di attraversamento continuo dei ponti che separano un continente (sempre meno nuovo) dall'altro; condizione propria degli instancabili viaggiatori che, sul battello ubriaco dei giorni e delle occasioni, si proiettano in un continuo andirivieni geografico e linguistico che non conosce la fuga dal *doppio*, né il rifiuto del *multiplo*" (p. XIV).

Credo che alla base di tutto ci fosse anche il nostro desiderio di documentare o esplorare, attraverso sogni e fantasie a occhi socchiusi, situazioni e occasioni tra/in l'America e l'Italia, in una sorta di rêverie i cui referti sussurrati dei nostri "dormiveglia" si andavano accumulando in simultanei messaggi continuamente rimbalzanti dall'uno all'altro, ossia fra due scrittori, italiani e, al contempo, transatlantici, impegnati in un "passatempo / sordo, rorido di dimenticanza / come le frustate voglie sul breve / bivio giallo che impietra l'assonanza!" (sonetto XI, p. 22).

Parole, dunque, le nostre, moltiplicate e sdoppiate, caricate di sensi e suoni multipli, quasi a voler riannodare insieme i *disiecta membra* della nostra esistenza spaccata a metà fra due continenti. In quei versi, scritti febbrilmente, scorrevano nostalgia e smarrimento, umori e malumori, approfondimenti riflessivi e abbandoni gioiosi, invenzioni linguistiche e spericolati giochi lessicali, risentimenti rabbiosi e squarci improvvisi di tenerezza.

Da qui, l'essenziale *mobilità linguistica* di quei versi e la loro squisita natura metatestuale. Molto appropriatamente la Bertone ha precisato che per questi sonetti "l'avventura già ardua del nascere si carica delle ansie e degli imprevisti di un doppio travaglio. E il necessario piegarsi ai ritmi compositivi dell'altro, a un comporre che è continuo correre e rin-correre per dis-correre, rimanda ancora una volta allo schema esistenziale prediletto (l'unico ormai appagante per chi è cresciuto e vissuto nell'inseguimento) della divaricazione, della rottura, della perdita di terreno sempre rimediata ma mai sanata" (p. XX).

Sonetti, infine, che servivano anche, per noi incauti mestatori di lingua, a interrogarci reciprocamente; interrogarci sulle nostre identità di scrittori italiani espatriati ma fortemente legati alla linfa linguistica della nostra terra d'origine; a interrogarci — in definitiva — sui nostri destini e sul *reo tempo e rogo...*

Credo che sia giusto, a conclusione di questa testimonianza, offrire alcuni esempi di quell'esperimento, che fu gioioso e anche *letteralmente sorprendente.*

Ecco dunque tre sonetti esemplari — rispettivamente il primo, il terzo e l'undicesimo — nella loro doppia versione (le traduzioni in inglese sono di Marisa Marcelli), senza mai dimenticare che questi *sonnetti* furono scritti in italiano, e poi tradotti in inglese, e anche pregando il lettore di non chiedersi a chi appartengono queste quartine o terzine, essendo stata, la versificazione, spesso rimpastata e affinata reciprocamente, nel suo farsi, da ambedue gli autori.

Viaggia questa nave testo nel mare
nero: la superficie invita e scaccia
onde-parole che intrecciano gare
mollati gli ormeggi ed ogni minaccia

ambigua, finta o vera, che ricaccia
nell'ingorgo il quieto navigare
(ormai per sempre impresso nella faccia)
di chi non vive solo a dimostrare

che rubacchiare quattro paghe sia
il massimo dell'umana demenza:
o sozzo verminaio protocollato

negli scaffali tetri dell'assenza.
E basterebbe solo un lastricato
d'alibi a schiudere l'orrenda via?

This vessel-text skims over the dark sea
that invites and scatters on its surface
wave-words that entangle races
once released the moorings, and every

ambiguous threat, throws back, real or false
into the knot the quiet sailing vessel
(already now impressed upon the face)
of those who don't live only to tell

that stealing here and there a few pay-
checks is the very peak of human decency:
oh! a worm-hole marked with filth

upon the gloomy shelves of absence.
And would a road lane paved with breaths
be enough to open the horrendous way?

La storia si ripete fatalmente,
certe volte anche in uno stesso luogo:
solo un cambio di personaggi; ardente
e sciocco questo misterioso rogo

che chiamiamo Tempo, fittizia lente
che sfregia i connotati, puro sfogo
della mente che s'appaga in latente
scienza: l'eterno raggirare il giogo.

Ritorna adesso: in un raptus rapite
camminando nel sonno sopra fili
fanciulle trafelate, già stordite

dal gran vento che squassa le sottili
tenebre della carne, le patite
glorie nel solfeggio di savi e vili.

History repeats itself fatally,
sometimes in the very same place:
only a change of characters; burningly
foolish is this mysterious blaze

that we call Time, fictious lens
that disfigures, features, pure outstroke
of the mind content with latent science:
the eternal sidestepping of the yoke.

It comes back now: in a rapture's vise,
sleepwalking on a wire
breathless girls already dazed

by the wind that shakes the hazed
shadows of the flesh, and the dire
glories, old stories of the living and the wise.

Cogli il giorno e la notte come fiori
di prato riarso, stupito dal tempo
che passa il compasso di ansie incolori
su abbrivi sospesi in anse di tempo.

Basta un momento a ridarti gli umori
che, persi-vissuti-riavuti, il tempo
sempre reo riporta in umidori
di viaggi ostici attesi; o passatempo

sordo, rorido di dimenticanza
come le frustate voglie sul breve
bivio giallo che impietra l'assonanza!

Più niente scorre dentro che sia lieve:
ramarri si divorano la stanza
dove adesso siedi, imbiancato e greve.

You pluck the day and the night like spring
flowers, parched, astonished by time
that passes the compass of colorless yearning
ticking suspended in the loops of time.

It takes only a minute to give back the moods
that, lost-lived-regained, time
always treacherous exudes
in tiresome, longed-for trips: oh, deaf pastime,

dewy with forgetfulness as
the beaten desires along the brief
yellow crossroads that petrifies the echo.

Nothing anymore insight in a light flow:
lizards fight to devour the space
where you now sit, in grayness and in grief.

CONTRIBUTORS

LUIGI BONAFFINI is professor of Italian language and literature at Brooklyn College. He has translated books from the Italian and various dialects by Dino Campana, Mario Luzi, Vittorio Sereni, Giose Rimanelli, Giuseppe Jovine, Achille Serrao, Eugenio Cirese, Albino Pierro, Cesare Ruffato, Antonio Spagnuolo, Luciano Troisio, Pier Paolo Pasolini, Attilio Bertolucci, and others. He has edited or co-edited five trilingual anthologies of Italian dialect poetry, including the two trilingual volumes *Dialect Poetry of Southern Italy* and *Dialect Poetry of Central and Northern Italy*. He has also co-edited the bilingual anthologies *A New Map, A Bilingual Anthology of Migrant Writers in Italy* with Mia Lecomte and *Poets of the Italian Diaspora* with Joseph Perricone. He is the editor of *Journal of Italian Translation* www.jitonline.org.

ROMANA CAPEK-HABEKOVIĆ was the senior lecturer of Italian and program director of elementary Italian at University of Michigan, now retired. She taught language, literature and culture courses. She is the author of *Tommaso Landolfi's Grotesque Images* (1986), the co-author of *Insieme* (McGraw-Hill 1994, 1998) and *A vicenda* (McGraw-Hill, 2008), both review grammar and reader for second year Italian. She is also the co-author of *Parola a te!* (Cengage Learning, 2008), designed for an advanced Italian culture and conversation course. Capek-Habeković has published on twentieth-century Italian authors from Massimo Bontempelli to Giose Rimanelli and Antonio Tabucchi. Her articles have appeared in many scholarly publications. Presently, she continues her research in literature, as well as in strategies applied in second-language acquisition.

LUIGI FONTANELLA is Professor of Italian at the State University of New York, Stony Brook. Poet, critic, novelist, he has published numerous books. The most recent books are the novel *Controfigura* (Marsilio, 2009); the scholarly volume *Migrating Words. Italian Writers in the United States* (Bordighera Press, 2012); and the collections of poems *Bertgang* (Moretti & Vitali, 2012); *Disunita ombra* (Archinto, RCS, 2013); *L'adolescenza e la notte* (Passigli, 2015; Pascoli Prize, Giuria-Viareggio Prize). Fontanella is the President of IPA (Italian Poetry in America) and the editor of *Gradiva*, international journal of Italian poetry, published by Olschki in Florence.

FRED GARDAPHÉ is Distinguished Professor of English and Italian American Studies at Queens College/CUNY and the John D. Calandra Italian

149

American Institute. He is past director of the Italian/American and American Studies Programs at Stony Brook University. His books include *Italian Signs, American Streets: The Evolution of Italian American Narrative, Dagoes Read: Tradition and the Italian/American Writer, Moustache Pete is Dead!, Leaving Little Italy,* and *From Wiseguys to Wise Men: Masculinities and the Italian American Gangster,* and *The Art of Reading Italian Americana.* He is co-founding/co-editor of *VIA: Voices in Italian Americana* and editor of the Italian American Culture Series of SUNY Press.

SABRINA INFANTE holds a Doctorate in Modern Languages from Middlebury College. She is an Instructor of Italian at The Pennsylvania State University's Summer Language Institute, where she teaches classes for undergraduate and graduate students. Sabrina also teaches Italian for the State College Area School District's Community Education Program. Previously, she has been a Lecturer of Italian Language and Literature at Roger Williams University, Adjunct Professor of Italian at the University of Rhode Island, and Italian teacher at North Quincy High School in Massachusetts. She has also served as the coordinator of several academic and cultural exchange programs, including Trinity College's Road Scholar Programs in Italy and the *Istituto Statale Superiore 'Vittoria Colonna'* in Arezzo.

SANTE MATTEO, Professor Emeritus of Italian Studies, received a BA in French from Kenyon College, an MA in French from Miami University, and an MA and a PhD in Italian from the Johns Hopkins University. He has published 6 books and over 80 articles, in Italian and in English, and has presented more than 150 talks at professional venues. Recent books include *Radici sporadiche: letteratura, viaggi, migrazioni* (Isernia: Jannone, 2007), *ItaliAfrica: Bridging Continents and Cultures* (editor; Stony Brook, NY: Forum Italicum Press, 2001), *Africa Italia: Due continenti si avvicinano* (editor with Stefano Bellucci; Santarcangelo di Romagna: Fara, 1999). He has held leadership positions in national and international professional associations, including the Modern Language Association, and has served on several editorial boards and as Editor of *Il Gonfaloniere,* the newsletter of the American Association for Italian Studies, and of *Italian Culture,* the association's journal.

MARK PIETRALUNGA is the Victor R. B. Oelschlager Professor of Modern Languages, Professor of Italian, and the Chair of the Department of Modern Languages and Linguistics at Florida State University. He has served on the Executive Boards of the American Association of Teachers of Italian and the American Association for Italian Studies. He is an Associate Editor of the journal *Italica*. He has published extensively on 20th century Italian literature and culture. His latest books are *Cesare Pavese and Anthony Chiuminatto: Their Correspondence* (University of Toronto Press) and the forthcoming *Cesare Pavese: A Critical-Analytical Study by Giose Rimanelli* (Bordighera Press).

SHERYL LYNN POSTMAN (PhD, SUNY Albany) is Professor of Spanish and Italian at the University of Massachusetts, Lowell. Her areas of specialization include the contemporary Spanish novel, the contemporary Italian novel, and Italian-American narrative. She is the author and/or editor of numerous books, which list: *An Italian Writer's Journey through American Realities: Giose Rimanelli's English Novels* (2012), *El viaje infernal en Los Diarios de Miguel Delibes*, Libertarias (2010), and *Crossing the Acheron: A Study of Nine Novels by Giose Rimanelli* (2000) among her authored books, and *Greece and Italy: Ancient Roots and New Beginnings*. Co-editor with Mario Aste and Michael Pierson (2005) and *Film and Multiculturalism*. Co-editor and contributor, with J. Helí Hernández (2001), among her edited volumes. Her more recent articles have dealt with the figures of Orazio De Attellis, Giose Rimanelli, and Miguel Delibes. Professor Postman has also received grants from the American Association of Teachers of Italian and the National Endowment for the Humanities for summer seminars on language pedagogy and literary theory and methodologies.

ANTHONY JULIAN TAMBURRI is Distinguished Professor of European Languages and Literatures and Dean of the John D. Calandra Italian American Institute (Queens College, CUNY). He is co-director of Bordighera Press, past president of the Italian American Studies Association and of the American Association of Teachers of Italian. His latest book is *Rereading Italian Americana: Specificities and Generalities on Literature and Criticism* (2014; paperback 2015). His is co-editor with Robert Viscusi and James Periconi of the English version of *Italoamericana: The Literature of the Great Migration, 1880-1943* (2014); and together with Paul Giordano and Fred Gardaphé, *From The Margin: Writings in Italian Americana* (1991/2000). He is the executive producer and host of the Calandra Institute's monthly TV program, *Italics*, produced in collaboration with CUNY TV.

ANTONIO CARLO VITTI received his PhD in Italian Studies from the University of Michigan (Ann Arbor). He is currently teaching at Indiana University. His research has been primarily in the areas of Italian Cinema, Italian Emigration and Contemporary Italian Literature and Culture. His publications include articles on Pasolini, Scola, Wertmüller, De Santis, Rossellini, Amelio, Tornatore, Roversi, Montaldo, Lizzani, Silone, Rimanelli, Rosi, Nanni Loy, Massimo Troisi and Nanni Moretti. He is the author of *Giuseppe De Santis and Postwar Italian Cinema* (1996), and two books on the cinema of Gianni Amelio. Co-editor of Amerigo (1999), an anthology of Italian American/Canadian writers and editor of numerous books on Italian cinema and culture, he is also the editor and founder of *Luci e Ombre*, online journal on Italian Cinema.

MARIA ROSARIA VITTI-ALEXANDER ha ricevuto il PhD in Letteratura Italiana presso la Univerity of Michigan in Ann Arbor (USA). È docente universitario presso il Nazareth College dove insegna cultura, cinema e letteratura italiana. Inoltre è Direttore di Study Abroad Pragrams a Pescara e a Firenze, e Direttore della Casa Italiana, Centro di Studi Italiani. Le sue ricerche focalizzano soprattutto i lavori di Luigi Pirandello, letteratura contemporanea italiana e studi sul cinema. Ha pubblicato numerosi articoli su Pirandello, Lagorio, De Cespedes e registi cinematografici. E' stata Segretaria-Tesoriera e Vice Presidente di due associazioni accademiche nazionali ed internazionali, la American Association of Teachers of Italian, e tuttora della Gamma Kappa Alpha National Italian Honor Society. Recentemente ha ricevuto un sussidio dal Nazareth College per completare delle ricerche sui territori limitrofi dell'imperatore Federico II di Svevia in Terra di Lavoro.

SAGGISTICA

Taking its name from the Italian—which means essays, essay writing, or non-fiction—*Saggisitca* is a referred book series dedicated to the study of all topics and cultural productions that fall under what we might consider that larger umbrella of all things Italian and Italian/American.

Vito Zagarrio
  The "Un-Happy Ending": Re-viewing The Cinema of Frank Capra. 2011.
  ISBN 978-1-59954-005-4. Volume 1.
Paolo A. Giordano, Editor
  The Hyphenate Writer and The Legacy of Exile. 2010. ISBN 978-1-59954-
  007-8. Volume 2.
Dennis Barone
  America / Trattabili. 2011. ISBN 978-1-59954-018-4. Volume 3.
Fred L. Gardaphè
  The Art of Reading Italian Americana. 2011. ISBN 978-1-59954-019-1.
  Volume 4.
Anthony Julian Tamburri
  Re-viewing Italian Americana: Generalities and Specificities on Cinema. 2011.
  ISBN 978-1-59954-020-7. Volume 5.
Sheryl Lynn Postman
  *An Italian Writer's Journey through American Realities: Giose Rimanelli's
  English Novels. "The most tormented decade of America: the 60s"* ISBN 978-1-
  59954-034-4. Volume 6.
Luigi Fontanella
  Migrating Words: Italian Writers in the United States. 2012. ISBN 978-1-
  59954-041-2. Volume 7.
Peter Covino & Dennis Barone, Editors
  Essays on Italian American Literature and Culture. 2012. ISBN 978-1-59954-
  035-1. Volume 8.
Gianfranco Viesti
  Italy at the Crossroads. 2012. ISBN 978-1-59954-071-9. Volume 9.
Peter Carravetta, Editor
  *Discourse Boundary Creation (LOGOS TOPOS POIESIS): A Festschrift in
  Honor of Paolo Valesio.* ISBN 978-1-59954-036-8. Volume 10.
Antonio Vitti and Anthony Julian Tamburri, Editors
  Europe, Italy, and the Mediterranean. ISBN 978-1-59954-073-3. Volume 11.
Vincenzo Scotti
  Pax Mafiosa or War: Twenty Years after the Palermo Massacres. 2012. ISBN
  978-1-59954-074-0. Volume 12.

Anthony Julian Tamburri, Editor
Meditations on Identity. Meditazioni su identità. ISBN 978-1-59954-082-5. Volume 13.

Peter Carravetta, Editor
Theater of the Mind, Stage of History. A Festschrift in Honor of Mario Mignone. ISBN 978-1-59954-083-2. Volume 14.

Lorenzo Del Boca
Italy's Lies. Debunking History's Lies So That Italy Might Become A "Normal Country". ISBN 978-1-59954-084-9. Volume 15.

George Guida
Spectacles of Themselves. Essays in Italian American Popular Culture and Literature. ISBN 978-1-59954-090-0. Volume 16.

Antonio Vitti and Anthony Julian Tamburri, Editors
Mare Nostrum: prospettive di un dialogo tra alterità e mediterraneità. ISBN 978-1-59954-100-6. Volume 17.

Patrizia Salvetti
Rope and Soap. Lynchings of Italians in the United States. ISBN 978-1-59954-101-3. Volume 18.